Franz Plötz / Tania Schnagl / Robert Plötz

Kreuz und quer durch den Grundwortschatz

Band 1

Die Autoren

▹ Franz Plötz: studierte Volksschullehramt und Sonderpädagogik
unterrichtete sieben Jahre Deutsch als Fremdsprache in Chile (Temuco)
und ist heute Rektor a. D. in Bad Kötzting,
zahlreiche fachdidaktische Veröffentlichungen.
www.franz-ploetz.de

▹ Tania Schnagl: Diplomabschluss am Orff-Institut in Salzburg,
seit 2003 Grundschullehrerin, Wörth a. d. Donau.

▹ Robert Plötz: ist Oberstudienrat für Mathematik und Physik in München.

Gedruckt auf umweltbewusst gefertigtem, chlorfrei gebleichtem und alterungsbeständigem Papier.

3. Auflage 2019
© 2004 PERSEN Verlag, Hamburg
AAP Lehrerwelt GmbH
Alle Rechte vorbehalten.

Das Werk als Ganzes sowie in seinen Teilen unterliegt dem deutschen Urheberrecht. Der Erwerber des Werkes ist berechtigt, das Werk als Ganzes oder in seinen Teilen für den eigenen Gebrauch und den Einsatz im Unterricht zu nutzen. Die Nutzung ist nur für den genannten Zweck gestattet, nicht jedoch für einen weiteren kommerziellen Gebrauch, für die Weiterleitung an Dritte oder für die Veröffentlichung im Internet oder in Intranets. Eine über den genannten Zweck hinausgehende Nutzung bedarf in jedem Fall der vorherigen schriftlichen Zustimmung des Verlages.

Sind Internetadressen in diesem Werk angegeben, wurden diese vom Verlag sorgfältig geprüft. Da wir auf die externen Seiten weder inhaltliche noch gestalterische Einflussmöglichkeiten haben, können wir nicht garantieren, dass die Inhalte zu einem späteren Zeitpunkt noch dieselben sind wie zum Zeitpunkt der Drucklegung. Der PERSEN Verlag übernimmt deshalb keine Gewähr für die Aktualität und den Inhalt dieser Internetseiten oder solcher, die mit ihnen verlinkt sind, und schließt jegliche Haftung aus.

Illustrationen: Tania Schnagl und Robert Plötz
Satz: media.design, Neumünster

ISBN 978-3-8344-3996-3

www.persen.de

Inhaltsverzeichnis

Einführung

Kreuzworträtsel, Lückentexte (K + LÜ)

Wörter leicht merken (WM + LÜ)

Bist du sicher? (KLW)

Würfelspiele

Hilfen für Lehrerinnen und Lehrer

Abkürzungen

K: Kreuzworträtsel
LÜ: Lückentext in Reimform
WM: Wörter merken
KLW: Kreuzworträtsel mit Lösungswort

Methodisch-didaktische Überlegungen

Dieses Buch bietet eine Fülle von Rätseln, Lückentexten, Spielen und Aufgaben für Schülerinnen und Schüler der 3. bis 4. Klasse, die motivierend Rechtschreibstrategien vermitteln und einüben. Dabei werden die Belange der rechtschreibschwachen Kinder besonders berücksichtigt.
Durch die klare Trennung der einzelnen Rechtschreibphänomene sollen mögliche Überlagerungen beim Lernen vermieden werden *(Ranschburgsche Hemmung).*

Kreuzworträtsel

Bei den Kreuzworträtseln muss jedem Bild der Begriff zugeordnet werden. Das Kind muss das Wort deutlich sprechen, um es in seine Laute (Buchstaben) zu zerlegen *(phonetische Analyse).*
Durch die vorgegebene Kästchenzahl kann vermieden werden, dass Buchstaben ausgelassen werden. Besonders bei nicht lautgetreuen Wörtern (Merkwörtern) wird die Kontrolle durch die Anzahl der Kästchen unterstützt.

Schärfung

Sehr viele Kinder mit Lese-Rechtschreib-Schwäche haben Probleme bei der Unterscheidung ähnlicher Laute *(phonematische Differenzierung).*
Die Regel *„Nach kurzem Selbstlaut folgt ein doppelter Mitlaut!“* ist wenig hilfreich, wenn der kurze Vokal nicht herausgehört wird. Ein kurzer Schlag mit der Faust in die offene Hand macht ihn beim Sprechen bewusst und unterstützt dadurch die Erinnerung beim Schreiben.

Bildwörter

Bei den *Lernwörtern* (z. B. Wörter mit Dehnungs-h) müssen sich die Schülerinnen und Schüler Besonderheiten einprägen. Als sehr hilfreich erweisen sich dabei *Bildwörter:* Bei ihnen wird der *Signalbuchstabe* als Bild dargestellt. Beim Einprägen werden gleichzeitig die rechte und linke Gehirnhälfte aktiviert (Speicherung des Bildes und Speicherung des Buchstabens) und so ungewohnte Schreibweisen leicht eingeprägt und fest verankert.

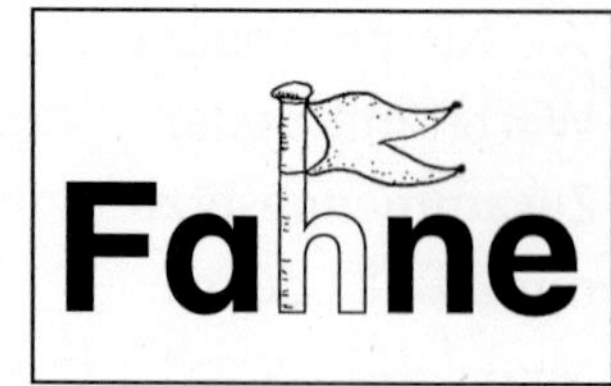

Reimwörter und Verse

Mithilfe von Reimwörtern wird die akustische Wahrnehmung geschärft. Sätze in Versform sprechen die Kinder außerdem emotional an, fördern die Entwicklung der *phonologischen Bewusstheit* und tragen zur Verbesserung der Rechtschreibung bei.

Einfache Rechtschreibstrategien

„Nach l, n, r, das merke ja, steht nie tz und nie ck!“ ist eine Regel, die immer stimmt. Sie kann von Kindern durchschaut und richtig angewandt werden und hat sich in der Praxis bewährt.
Einfache Rechtschreibstrategien (Analogiebildung, Auslautverhärtung ...) sind ebenfalls sehr hilfreich. Bei manchen Reimwörtern (z. B. gießen – niesen) und bei der Dehnung (z. B. Kahn – Schwan) gibt es allerdings viele Ausnahmen. Deshalb ist es wichtig, dass die Kinder zum Nachdenken über die Rechtschreibung angeregt werden. Besonders hilfreich sind dabei natürlich die Bildwörter.

Rechtschreibspiele

Mit den Würfelspielen lassen sich Sonderformen der Rechtschreibung auf spielerische Weise kennen lernen.
Als erwachsener Mitspieler bietet es sich an, seinen Denkvorgang als *Selbstinstruktion* laut mitzusprechen. Die Kinder finden das zwar erst lustig, lernen aber viel dabei.

Arbeitsaufgaben

Kreuzworträtsel sind in der Regel schnell gelöst. Rechtschreiben lernt man aber nur durch intensives Üben. Dies soll durch die Arbeitsaufgaben erreicht werden, welche vielfältige Anregungen für eine Wiederholung und Vertiefung von Rechtschreibphänomenen bieten und gleichzeitig die ganze Begabungsbreite einer Klasse abdecken.

Freiarbeit

Wörter isoliert zu üben ist eine Sache, sie im Kontext richtig schreiben zu können eine andere.
Eine besondere Motivation für das *freie Schreiben* geht von den *Bilderkompositionen* auf den Kreuzworträtselseiten aus. Sie fordern durch ihre Originalität zum Erfinden eigener Geschichten auf. Rechtschriftlich sind die Texte durch die vorausgehenden Übungen bereits entlastet. So macht Aufsatzschreiben Spaß!
Dieses Buch kann Kinder auch dazu anregen, eigene Kreuzworträtsel, Reime und Spiele zu erfinden. Neben der Rechtschreibung wird dadurch die Kreativität gefördert.

Vertretungsstunden

In Vertretungsstunden lassen sich die Spiele und Rätsel unkompliziert einsetzen.
So können Sie mit einem Minimum an Aufwand ein Maximum an Lernerfolg erzielen.
Probieren Sie es einfach einmal aus!

Tipp:
auf der Homepage des Autors Franz Plötz **www.franz-ploetz.de** finden Sie weitere Anregungen dazu.

So kannst du mit diesem Heft üben

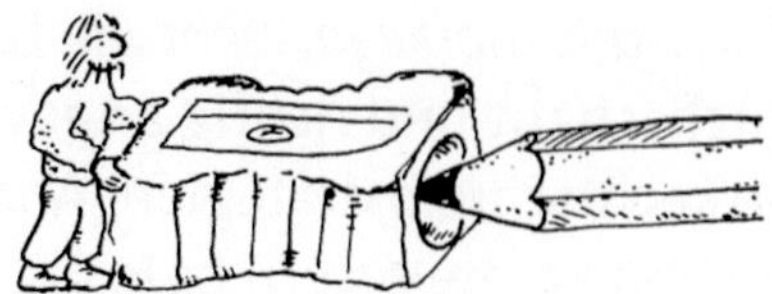

... mit allen Rätseltypen

1. Fülle die Rätsel aus. Die Lösungen findest du auf den Seiten 64ff.
2. Trenne die Wörter nach Sprechsilben. Sprich dabei ganz langsam.
3. Suche zu den Nomen (Namenwörtern) Reimwörter und erfinde selbst Reime.
4. Zeichne die Gegenstände etc. zu den gesuchten Wörtern.
5. Bilde möglichst viele zusammengesetzte Nomen.
6. Suche zu dem jeweiligen Rechtschreibfall (z. B. Wörter mit ll) noch andere Wörter aus deinem Lese- oder Wörterbuch.
7. Suche zu den Nomen passende Adjektive (Wiewörter) und schreibe z. B. so: *der neue Pullover. Wie ist der Pullover? Er ist neu.*
8. Zu welchen Nomen findest du verwandte Verben (Tunwörter)? Schreibe z. B. so: *der Maler – wir malen.*
9. Diktiere deinem Banknachbarn die zehn schwierigsten Wörter einer Seite.

... mit den Kreuzworträtseln

1. Schreibe auf, was auf den Rätselbildern passiert und unterstreiche die Verben (Tunwörter).
2. Lass dir zu den Bildern der Rätsel einen schönen Satz oder eine lustige Geschichte einfallen. Bitte deinen Sitznachbarn, sachliche Fehler in deiner Geschichte zu berichtigen.
3. Beschreibe einzelne Bilder wie in dem Spiel „Ich sehe was, was du nicht siehst …“.
4. Erstelle ein eigenes Kreuzworträtsel mit Bildern.
5. Erstelle ein Kreuzworträtsel mit Umschreibungen der gesuchten Begriffe: z. B. *Es ist ein Raum, in dem Kühe untergebracht sind.* Richtige Antwort: *Stall.*

... mit den Lückentexten in Reimform

Lass dir die Reime diktieren oder schreibe sie als Laufdiktat auf.
Unterstreiche die Verben (Tunwörter).

... mit den Würfelspielen

Spielend lernst du viele Wörter, wenn du täglich mit Klassenkameraden, Eltern, Geschwistern oder Freunden ein Würfelspiel machst. Lies vor dem Spiel das Kontrollblatt durch und markiere die schwierigen Wörter.

© Persen Verlag

Einfache Rechtschreibregeln

Mitsprechwörter

Ich höre ganz genau hin und buchstabiere jedes Wort sehr langsam. Ich schließe die Augen und stelle mir das Wort vor.

Diese Wörter spreche ich in die Hand, dann kann ich ähnliche Laute (**g** oder **k**, **b** oder **p**, **d** oder **t**) leichter unterscheiden. Ich fühle den harten Lufthauch (**k**, **p**, **t**), wenn ich meine Handinnenfläche sehr nah an den Mund halte.

Nachdenkwörter

das Bil**d** – die Bil**d**er
das Hef**t** – die Hef**t**e

Ich verlängere das Wort, dann höre und fühle ich das weiche **d** oder das harte **t**.

k**a**lt – k**ä**lter
f**a**llen – f**ä**llt

b**au**en – das Geb**äu**de
r**au**ben – der R**äu**ber

Aha!
a – **ä**
au – **äu**

Ich spreche „**scht**" und „**schp**", aber ich schreibe „**st**" und „**sp**".

der **St**rand, der **St**uhl, **st**reiten, **st**echen, der **Sp**iegel, die **Sp**itze, **sp**azieren

Merkwörter

Schärfung: die Mu**tt**er
die Pu**pp**e
der Ka**mm**
das Me**ss**er
die Ka**tz**e

Wörter mit einer Schärfung (**tt**, **pp**, **mm**, **nn**, **ll**, **ss**, **ck**, **tz**) werden sehr kurz gesprochen. Ich merke sie mir mit dieser Handbewegung leichter.

Eine Regel, die immer stimmt: **Nach l, n, r, das merke ja, nie „tz" und nie „ck"**.

Ausnahmen

Wörter mit **aa**, **ee**, **oo**, **ai**, **x**, **-ine** muss ich mir extra merken.

Wörter mit „**ß**" oder mit einem Dehnungs-**h** Merke ich mir als Bildwörter.

	S		
C	O	O	L

Wörter mit ll

1→ 2↓ 3↓ 4→ 5↓ 6↓ 7→ 8↓ 9↓ 10→ 11→ 12↓ 13↓ 14→ 15↓ 16→

MEHL

kurz? Ich schlage mit der Faust in die Hand!

Aha! Brille, kurzes i, Schärfung (ll).

Eine Menge Reimwörter

die Ri**ll**e	die De**ll**e	der Te**ll**er
die Gri**ll**e	die Schwe**ll**e	der Ke**ll**er
die Bri**ll**e	die Fe**ll**e	der Prope**ll**er

Alle **Nomen** (Namenwörter) schreiben wir **groß**!
Sie haben einen **Artikel** (der, die, das, den, ein, eine, einen …).

❶ Suche mehrere Reimwörter zu: die Halle, der Ball, der Knüller, die Knolle, die Grille.

❷ Zu welchen Nomen passen diese Adjektive (Wiewörter): neu, alt, weich, riesig, kalt, fleißig, modern, warm, bunt, schmutzig? (Schreibe: *Wie ist die Wolle? Sie ist …)*

F. Plötz/R. Plötz/T. Schnagl: Kreuz und quer durch den Grundwortschatz – Band 1
© Persen Verlag

Wörter mit l oder ll

fa**ll**en	be**ll**en	so**ll**en	brü**ll**en
kna**ll**en	pre**ll**en	ro**ll**en	knü**ll**en
scha**ll**en	que**ll**en	wo**ll**en	einhü**ll**en
ha**ll**en	erhe**ll**en	gro**ll**en	fü**ll**en

Alle **Verben** (Tunwörter) schreiben wir **klein**!
Was **tun** wir? Wir **fallen**, wir **brüllen** …

❶ Suche mehrere Reimwörter zu: der Knüller, der Schall, der Teller, die Rille, die Delle.
❷ Schreibe auf, was die einzelnen Personen auf dem Bild oben tun. *(Der … trägt …)*

© Persen Verlag

Ein ___?___	**Wörter mit l oder ll**

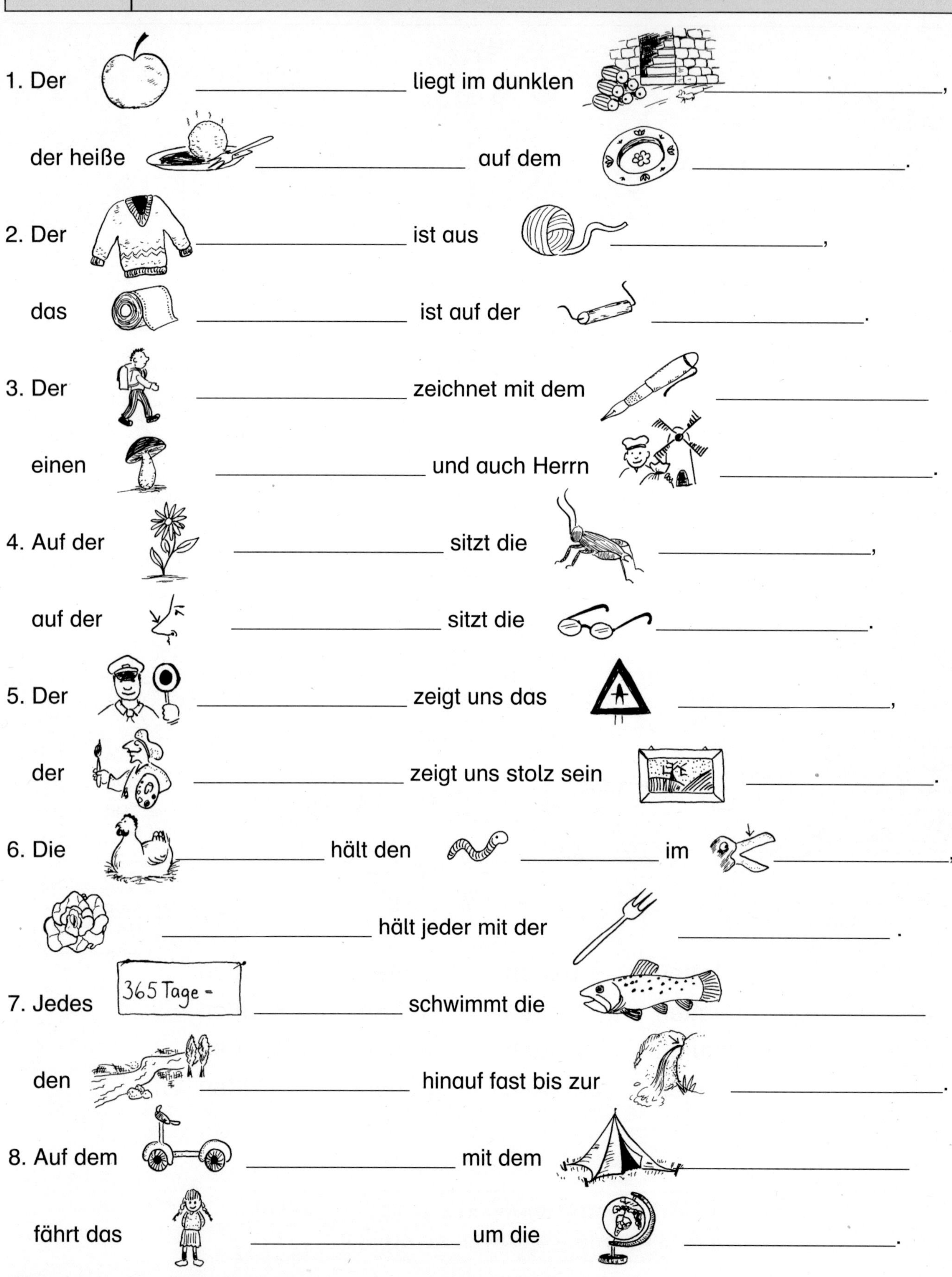

1. Der ________ liegt im dunklen ________,
der heiße ________ auf dem ________.
2. Der ________ ist aus ________,
das ________ ist auf der ________.
3. Der ________ zeichnet mit dem ________
einen ________ und auch Herrn ________.
4. Auf der ________ sitzt die ________,
auf der ________ sitzt die ________.
5. Der ________ zeigt uns das ________,
der ________ zeigt uns stolz sein ________.
6. Die ________ hält den ________ im ________,
________ hält jeder mit der ________.
7. Jedes
365 Tage =
________ schwimmt die ________
den ________ hinauf fast bis zur ________.
8. Auf dem ________ mit dem ________
fährt das ________ um die ________.

❶ Ordne die Nomen (Namenwörter) mit Artikel (Begleiter) so:
Wörter mit ll – Wörter mit l – andere Wörter.

❷ Markiere im Text die Verben (Tunwörter) und schreibe z. B. so:
*Der Apfel liegt. Was **tut** er? Er **liegt**.*

F. Plötz/R. Plötz/T. Schnagl: Kreuz und quer durch den Grundwortschatz – Band 1
© Persen Verlag

Zusammengesetzte Nomen mit l oder ll

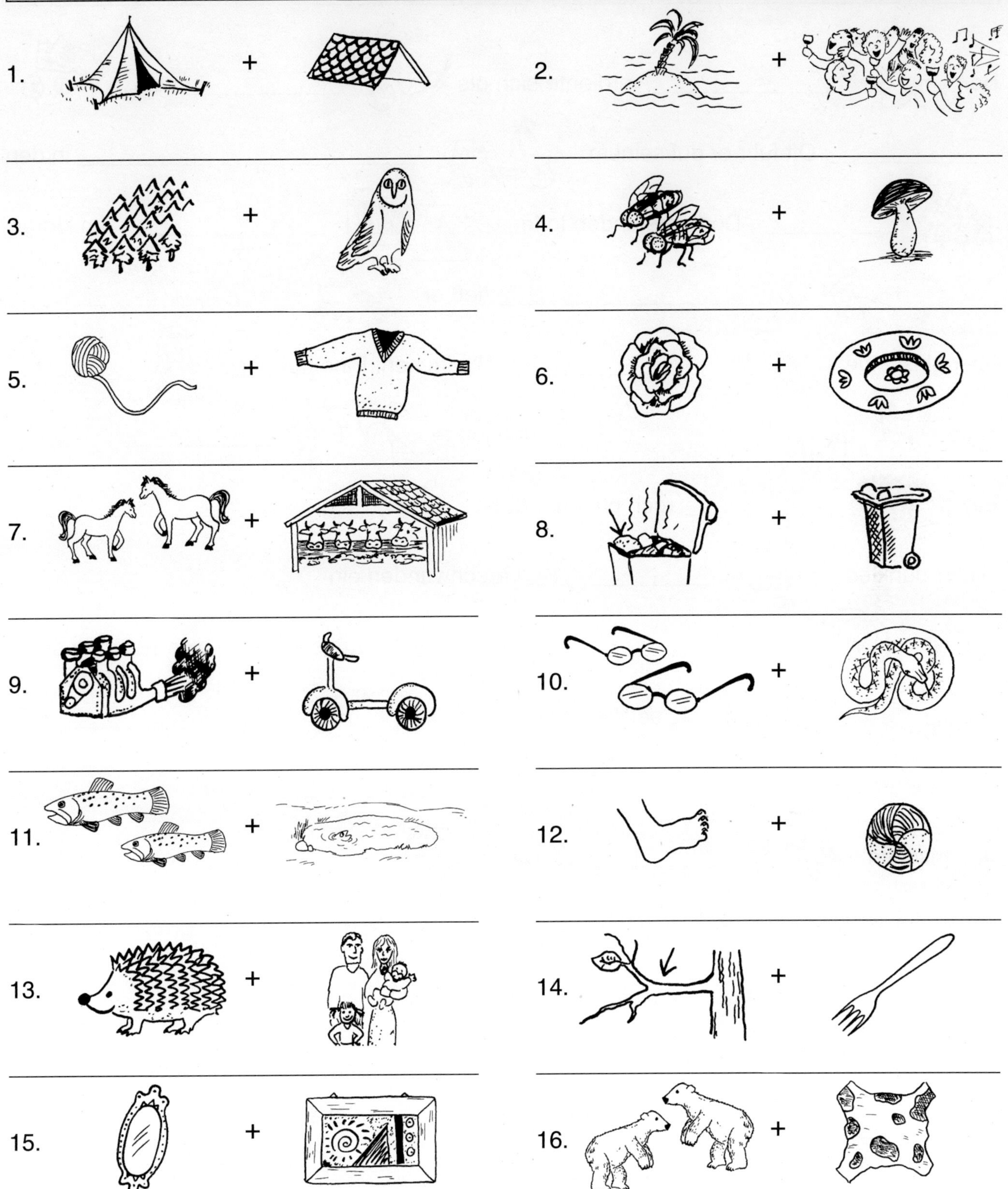

❶ Schreibe so: das Zeltdach = das Zelt + das Dach

❷ Lass dir zu fünf zusammengesetzten Nomen (Namenwörtern) schöne Sätze einfallen.

❸ Zu welchen Namenwörtern passen diese Adjektive (Wiewörter):
schnell, hell, billig, still, wellig, knallig, wild, alt, falsch, dunkel, kalt, schmal, faul?

© Persen Verlag

Künstlerpech! Wörter mit l oder ll

Herr  ______________ verdiente sich als ______________ sein ______________. Oft fuhr er auf seinem  ______________ in den ______________. Dort entstanden tolle ______________. Im klaren ______________ ließ er ______________ über glitschige  ______________ schwimmen. Eine hungrige ______________ jagte ______________ und junge ______________.

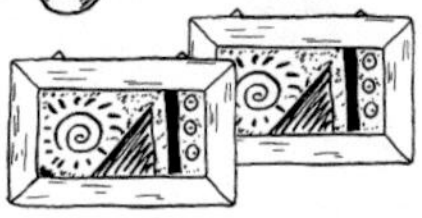

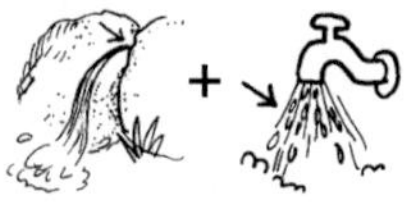

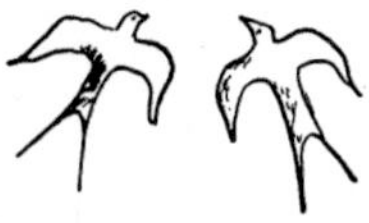

Ein ______________ roch an einer alten ______________.

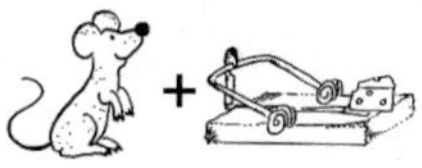

Hinter dunklen  ______________ verschwanden ein ______________ und ein ______________. Als der Künstler fertig war, nahm er seine ______________ ab, setzte sich auf seinen ______________ und packte eine ______________, einen ______________, ______________ und frischen ______________ aus. Die ______________ schien in Ordnung zu sein. Auf dem langen Heimweg freute er sich an jeder Kreuzung über die grüne ______________, fuhr am neuen ______________ und an der ______________ vorbei und war in Gedanken schon beim ______________. Plötzlich hielt ihn ein ______________ an.

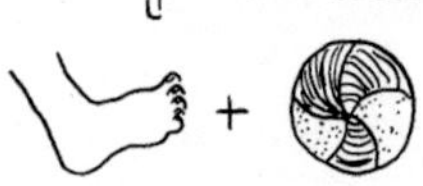

Hatte er vielleicht eine rote ______________ übersehen? Natürlich! Nun …

❶ Schreibe so: *Wörter mit l* *Wörter mit ll*

❷ Unterstreiche die Adjektive (Wiewörter) und schreibe so: Die Bilder sind toll.

❸ Suche zu zehn Nomen (Namenwörtern) Reimwörter: der Maler – der Taler

© Persen Verlag

Wörter mit mm

das La**mm**	das Zi**mm**er
der Schwa**mm**	der Schwi**mm**er
der Ka**mm**	der Schi**mm**er
der Sta**mm**	das Gewi**mm**er
das Progra**mm**	das Gefli**mm**er

Vor „**mm**“ wird der **Vokal** (a, e, i, o, u) immer **kurz** gesprochen!

❶ Suche Reimwörter zu: der Jammer, der Schimmer, der Brummi, der Kummer, der Schlamm.

❷ Zu welchen Nomen (Namenwörtern) passen diese Adjektive (Wiewörter): heiß, groß, lecker, zäh, schwer, blau, dick, nass, laut, niedlich, weich, schnell, wolkenlos? Schreibe z. B. so: *Wie ist der Himmel? Er ist blau.*

© Persen Verlag

S
C O O L

Wörter mit m oder mm

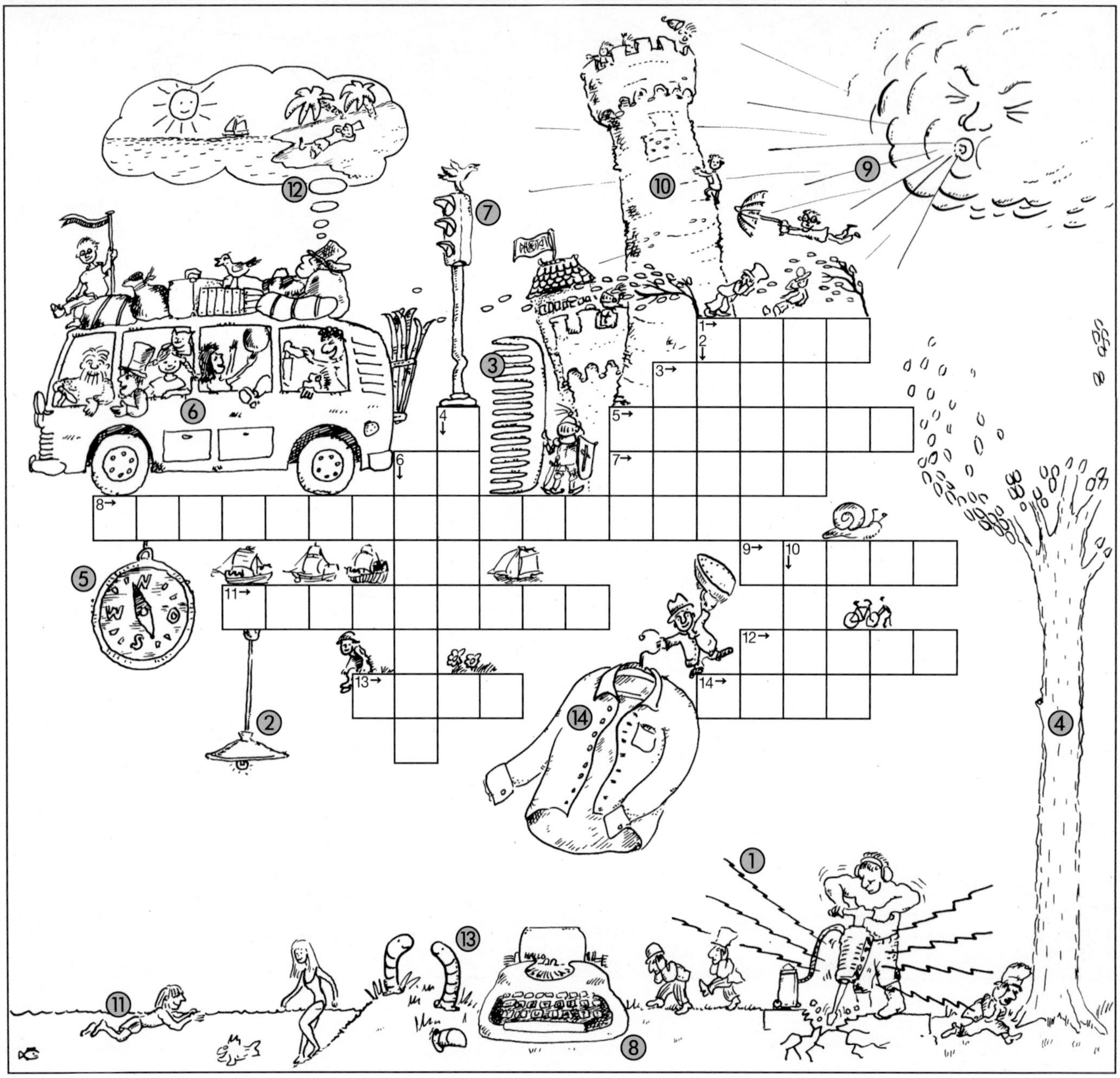

wi**mm**ern	sta**mm**en	ste**mm**en
zi**mm**ern	ra**mm**en	schwe**mm**en
fli**mm**ern	verda**mm**en	kle**mm**en

Alle **Verben** (Tunwörter) schreiben wir **klein**!
Was **tun** wir? Wir **schwimmen** …

❶ Beschreibe zehn Bilder aus dem Rätsel jeweils mit einem Satz und unterstreiche die Verben.

❷ Zu welchen Nomen (Namenwörtern) findest du verwandte Verben? *(Der **Bau** – wir **bauen**)*

© Persen Verlag

Ein ___?___

Wörter mit m oder mm

1. Stumm steht der __________ auf dem __________,

die __________ fegt ihm weg der __________.

2. Jeder __________ hat einen __________,

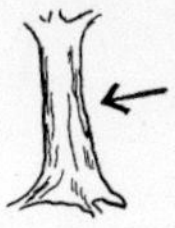

für das __________ hast du den __________.

3. Der __________ ist ein guter __________,

übt mit dem __________ im __________.

4. Ein kleines __________, das nennt man __________,

die __________ wischt man mit dem __________.

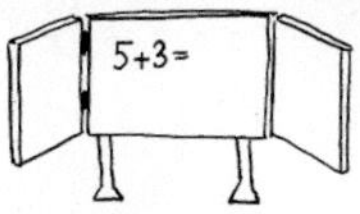

5. Als __________ dient die __________,

als + __________ eine __________.

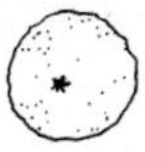

6. Mein __________ schlägt sich mit dem __________

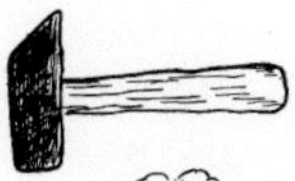

auf den __________, welch ein __________!

7. Das __________, das braucht kein __________,

selbst ein __________ ist ihm fremd.

8.  __________ und __________ wachsen schnell,

ein + __________, der leuchtet hell.

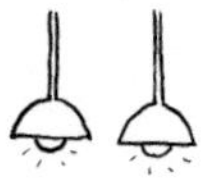

❶ Ordne die Nomen (Namenwörter) mit Artikel (Begleiter) so:
Wörter mit mm – Wörter mit m – andere Wörter.

❷ Suche zu den Nomen passende Adjektive (Wiewörter) und schreibe z. B. so:
*der **stolze** König.*

© Persen Verlag

S
COOL

Wörter mit nn

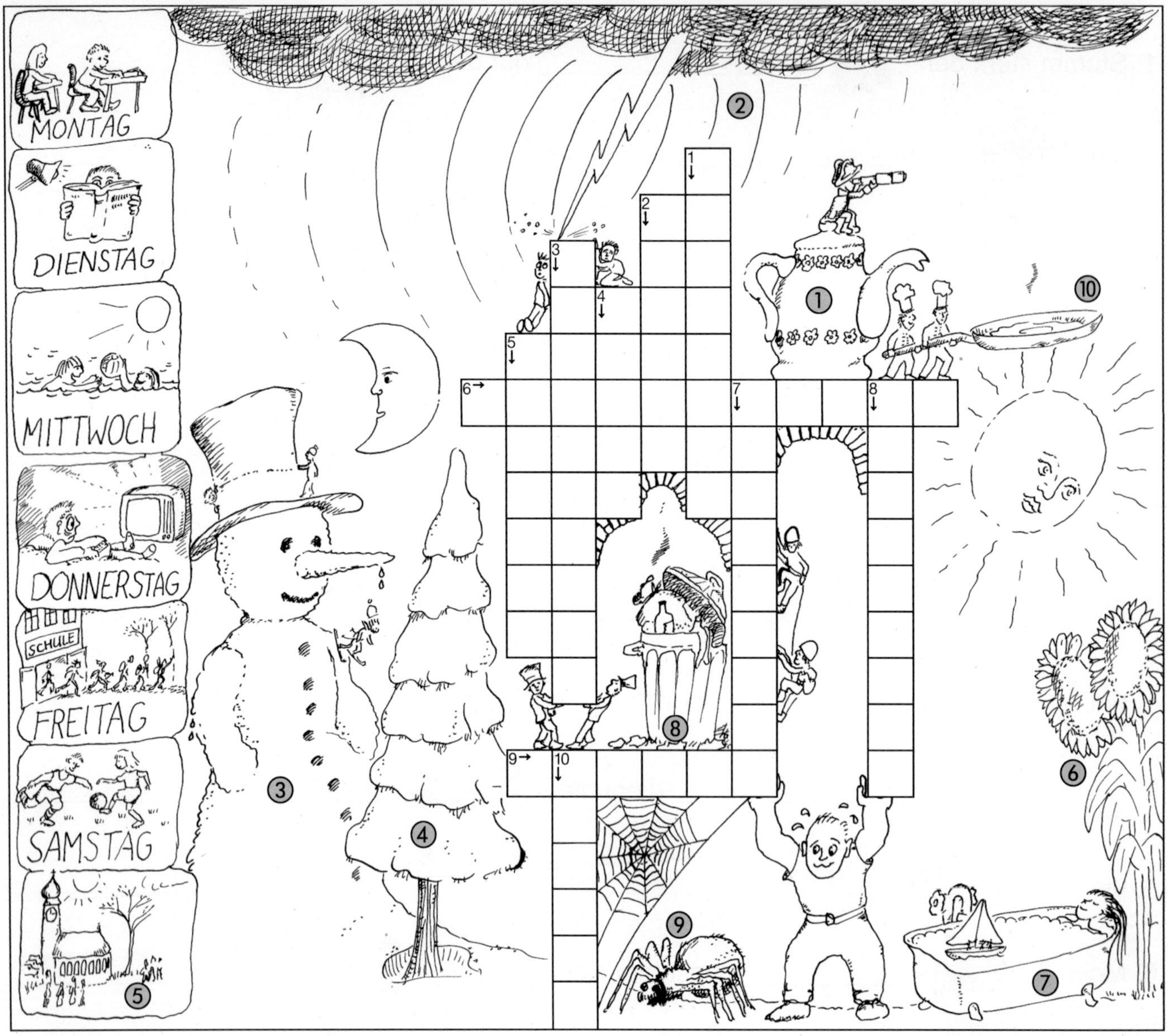

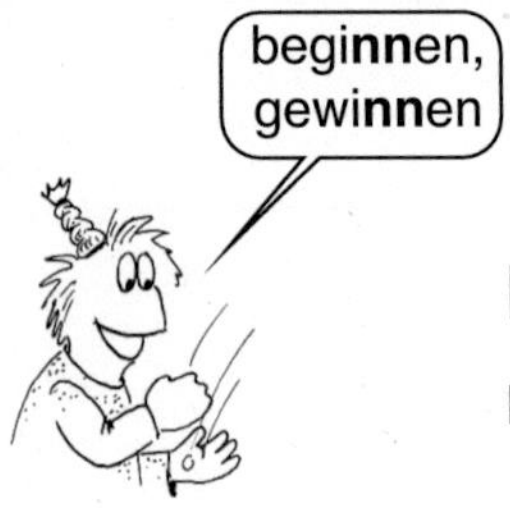

MONTAG
DIENSTAG
MITTWOCH
DONNERSTAG
SCHULE
FREITAG
SAMSTAG

beginnen,
gewinnen

Rennen, kennen, trennen, brennen
mit **nn** sollst du sie nennen!

rennen

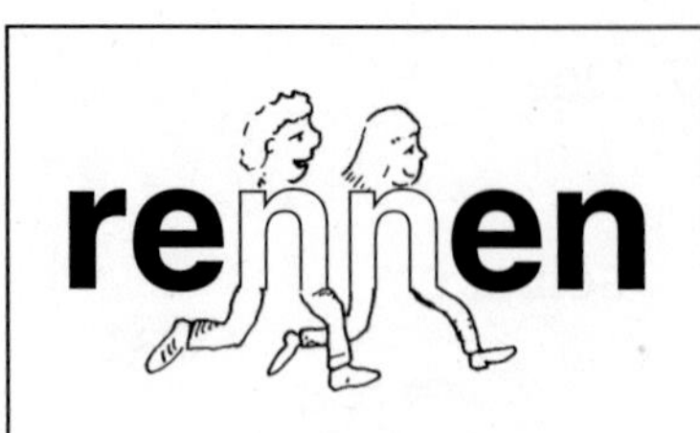

Alle **Verben** (Tunwörter) schreiben wir **klein**!
Was **tun** wir? Wir **fallen**, wir **rennen** …

❶ Suche Reimwörter zu: der Hampelmann, die Gießkanne, die Abendsonne, die Rinne.

❷ Erzähle, was der Junge an den Wochentagen tut.
Was passiert auf den anderen Bildern zum Rätsel?

F. Plötz/R. Plötz/T. Schnagl: Kreuz und quer durch den Grundwortschatz – Band 1
© Persen Verlag

S
COOL

Wörter mit n, hn oder nn

❶ Suche möglichst viele Nomen (Namenwörter) mit Artikel (Begleiter) und ordne sie so:
Wörter mit nn – Wörter mit hn – andere Wörter.

© Persen Verlag

Ein ___?___	**Wörter mit n, hn oder nn**

1. Hinter ______ steht die ______,
der ______ steht vor der ______.
2. Durch das ______ kommt der ______,
mit der ______ kommt das ______.
3. Mein ______ fährt mit der ______,
zu einem ______ im + ______.
4. Trotz ______ und ______ auf der ______
hält meine ______ den großen ______.
5. ______, ______, ______, ______
legen ______ in ______.
6. Dort drücken ______ und auch ______
aus jedem ______ eine ______.
7. Harte ______, harte ______,
viele ______, viele ______.
8. Die + ______ und die ______
ertrinken in der ______!
„So 'ne Panne!", ruft die ______.

❶ Ordne die Nomen (Namenwörter) jeweils mit Artikel (Begleiter) so:
Wörter mit nn – Wörter mit hn – andere Wörter.

❷ Unterstreiche die Verben (Tunwörter) und schreibe die Sätze als Laufdiktat in der Vergangenheit: stand, kam, fuhr, hielt, legten, drückten, ertranken, rief.

F. Plötz/R. Plötz/T. Schnagl: Kreuz und quer durch den Grundwortschatz – Band 1
© Persen Verlag

Zusammengesetzte Nomen mit n, nn, hn oder mm

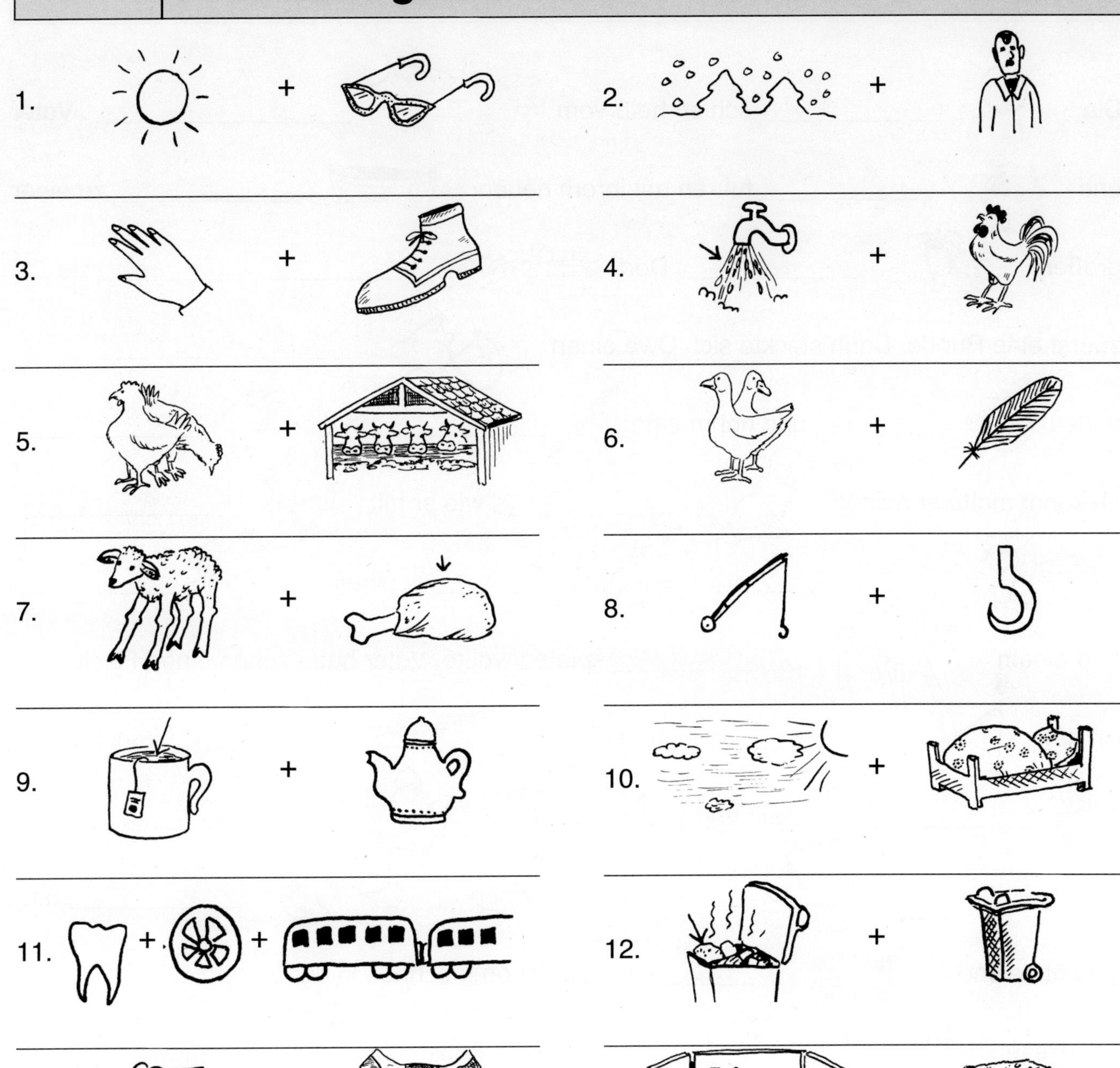

❶ Schreibe so: die Sonnenbrille = die Sonne + die Brille

❷ Denke dir mit den einzelnen Bildern lustige Unsinnsätze aus: kennen, können, rennen, donnern, gewinnen, schwimmen, sammeln, kämmen, programmieren.

❸ Ratespiel: „Ich seh' etwas, das du nicht siehst. Es ist …, hat …!" Schreibe fünf auf.

Im Sommer! Wörter mit n, nn, hn oder mm

Die 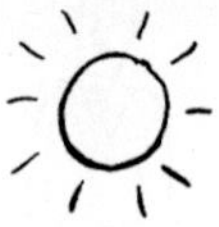 ______________ schien heiß vom 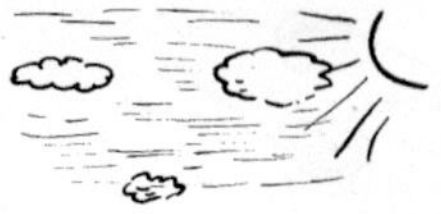 ____________________. Vater und 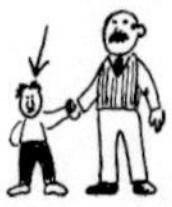 ____________ fuhren mit ihrem neuen 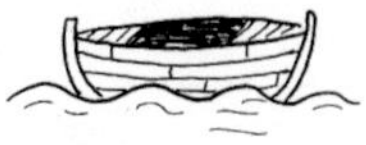 _____________ zu einer großen 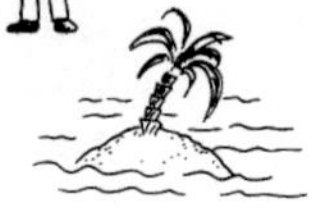 ____________. Dort 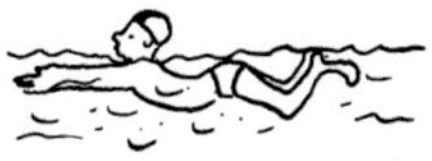 _______________________ sie zuerst eine Runde. Dann steckte sich Uwe einen 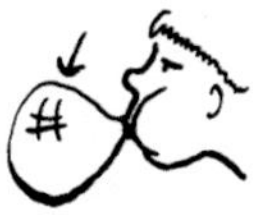 __________________________ in den 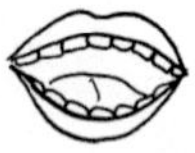 ___________ und nahm einen 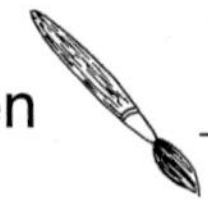 _____________ in die 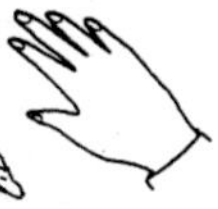 _____________. Gekonnt malte er seinen 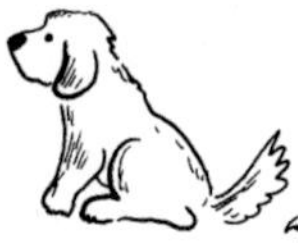 _____________, wie er mit 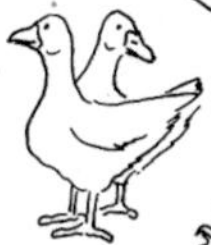 _______________, 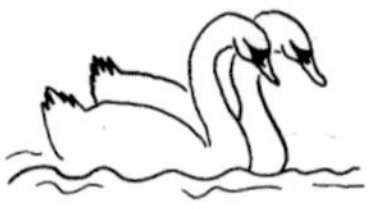 _________________, 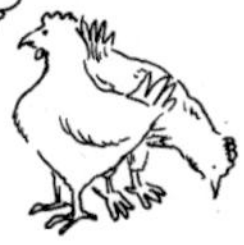 _____________, einem 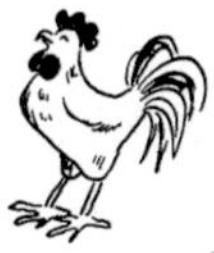 _____________ und einem 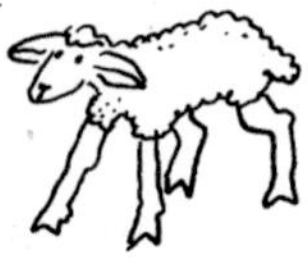 ______________ spielen wollte. Vater hatte schon einen Fisch an der 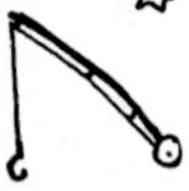 _____________, legte ihn in eine 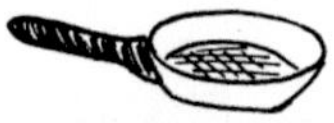 _______________, machte die 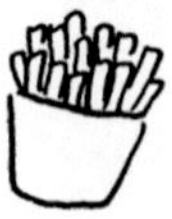 __________________ heiß und suchte die 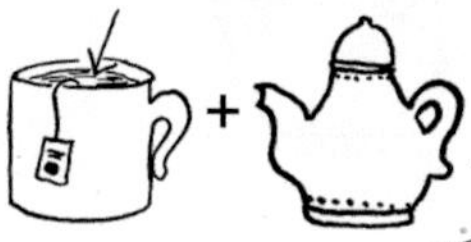 __________________. Plötzlich kündigten dunkle 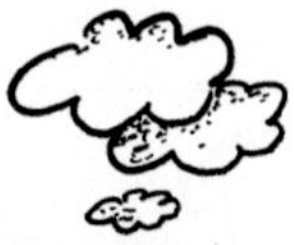 _______________ einen 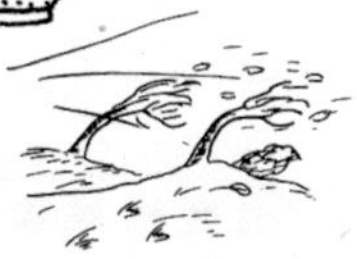 _____________ an. Es blitzte und 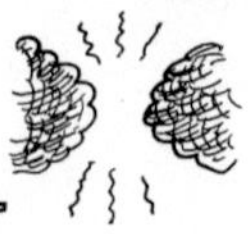 _____________. Jetzt aber schnell in das Hotel! Der Regen 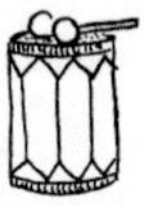 _________________ gegen die Fensterscheiben. Der Sturm wehte eine hohe 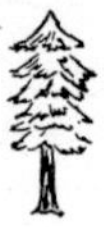 _______________ und die 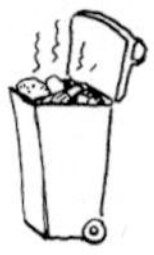 ____________________ um. Eine riesige 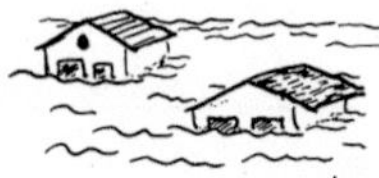 ______________________________ gab es auch noch. Zum Glück nur im 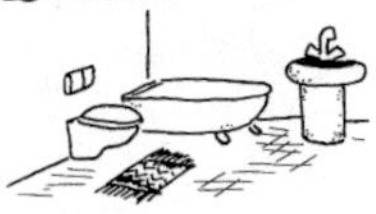 _________________________! Warum? Weil Peter in die volle 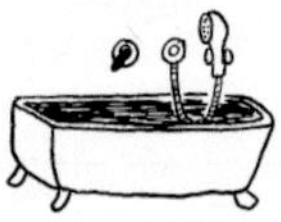 _____________________ 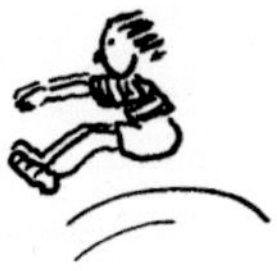 _________________________ war.

❶ Schreibe so: | *Wörter mit mm* | | *Wörter mit nn* | | *Wörter mit hn* | | *Wörter mit n* |

❷ Suche zu zehn Wörtern Reimwörter: die Sonne – die Tonne, die Wonne

❸ Unterstreiche alle Verben (Tunwörter) und schreibe so: sie schien – sie scheint!

F. Plötz/R. Plötz/T. Schnagl: Kreuz und quer durch den Grundwortschatz – Band 1
© Persen Verlag

Wörter mit tz

hier:
ß = ß

Hi**tz**e, Spi**tz**e,
Bli**tz**e, Si**tz**e,
in die Pfü**tz**e
mit der Mü**tz**e!

Ka**tz**en kra**tz**en
an dem Scha**tz** und
schwi**tz**en auf dem
Fußballpla**tz**!

Ein „tz“, das schreib’ in je**tz**t,
in jedem Sa**tz** und in zule**tz**t!

❶ Suche Reimwörter zu: die Stütze, der Blitz, die Fratze, der Schatz,
die Autositze, der Schnitzer, die Versetzung, der Schutz.

❷ Zu welchen zehn Bildern fallen dir interessante Sätze ein?
Verwende Adjektive (Wiewörter): lieb, bequem, blitzsauber, lästig, grell, groß, schmerzhaft.

© Persen Verlag

Wörter mit ck

die Mü**ck**en	wir schmü**ck**en	die Glo**ck**en
die Brü**ck**en	wir drü**ck**en	die Lo**ck**en
der Rü**ck**en	wir verrü**ck**en	die Flo**ck**en
die Lü**ck**en	wir pflü**ck**en	der Bro**ck**en

Nomen (Artikel: der, die, das, den, ein …) schreiben wir **groß**.
Verben (Tunwörter) schreiben wir **klein** (z. B. wir **drücken**).

❶ Suche Reimwörter zu: die Schlacke, der Bock, die Mücke, das Stück, die Locke, das Heck.

❷ Erzähle, was die einzelnen Personen tun, und unterstreiche die Verben.

© Persen Verlag

	S		
C	O	O	L

Wörter mit z und k

Eine Regel, die immer stimmt

Nach l,	der Pil**z**, das Sal**z**, stol**z**	die Wol**k**e, der Bal**k**en, wir mel**k**en
n,	die Pflan**z**e, die Gren**z**e, gan**z**	die Ban**k**, der On**k**el, wir dan**k**en
r,	der Ar**z**t, die Wur**z**el, schwar**z**	das Wer**k**en, der Zir**k**el, star**k**

das merke ja, nie „tz“ und nie „ck“!

❶ Suche zu dieser Regel im Lesebuch oder im Lexikon noch andere Wörter.

S COOL Wörter mit z oder tz

❶ Kannst du die **Regel „Nach l, n, r, das merke ja, nie ‚tz' und nie ‚ck'!"** bei diesen Wörtern richtig anwenden? Ordne so: *Wörter mit tz – Wörter mit z*.

❷ Lass dir zu den Bildern eine Fantasiegeschichte einfallen.

F. Plötz/R. Plötz/T. Schnagl: Kreuz und quer durch den Grundwortschatz – Band 1

© Persen Verlag

Ein ___?___

Wörter mit z oder tz

1. Viele ____________, frohe ____________,

schlechte ____________, große ____________.

2. Kleiner ____________ und große ____________,

kleiner ____________ und große ____________.

3. Keine ____________ ohne ____________

und kein + ____________ ohne ____________.

4. Der ____________ macht die gute ____________,

____________ und ____________ machen ____________.

5. Ein ____________ steht an der ____________

bei ____________ und ____________ ohne ____________.

6. Jeden ____________ voller ____________

kräht der ____________ dort auf dem ____________.

7. Auf dem ____________ sitzt ein ____________

und auf der ____________ liegt ein ____________.

8. Aus den ____________ kommt der ____________

und aus dem ____________ kommt der ____________.

❶ Ordne die Nomen (Namenwörter) mit Artikel (Begleiter) so: *Wörter mit tz – Wörter mit z.*

❷ Zu welchen Nomen findest du passende Adjektive (z. B.: *die **lange** Nadel)*?

© Persen Verlag

Ein ___?___

Wörter mit z oder tz, k oder ck

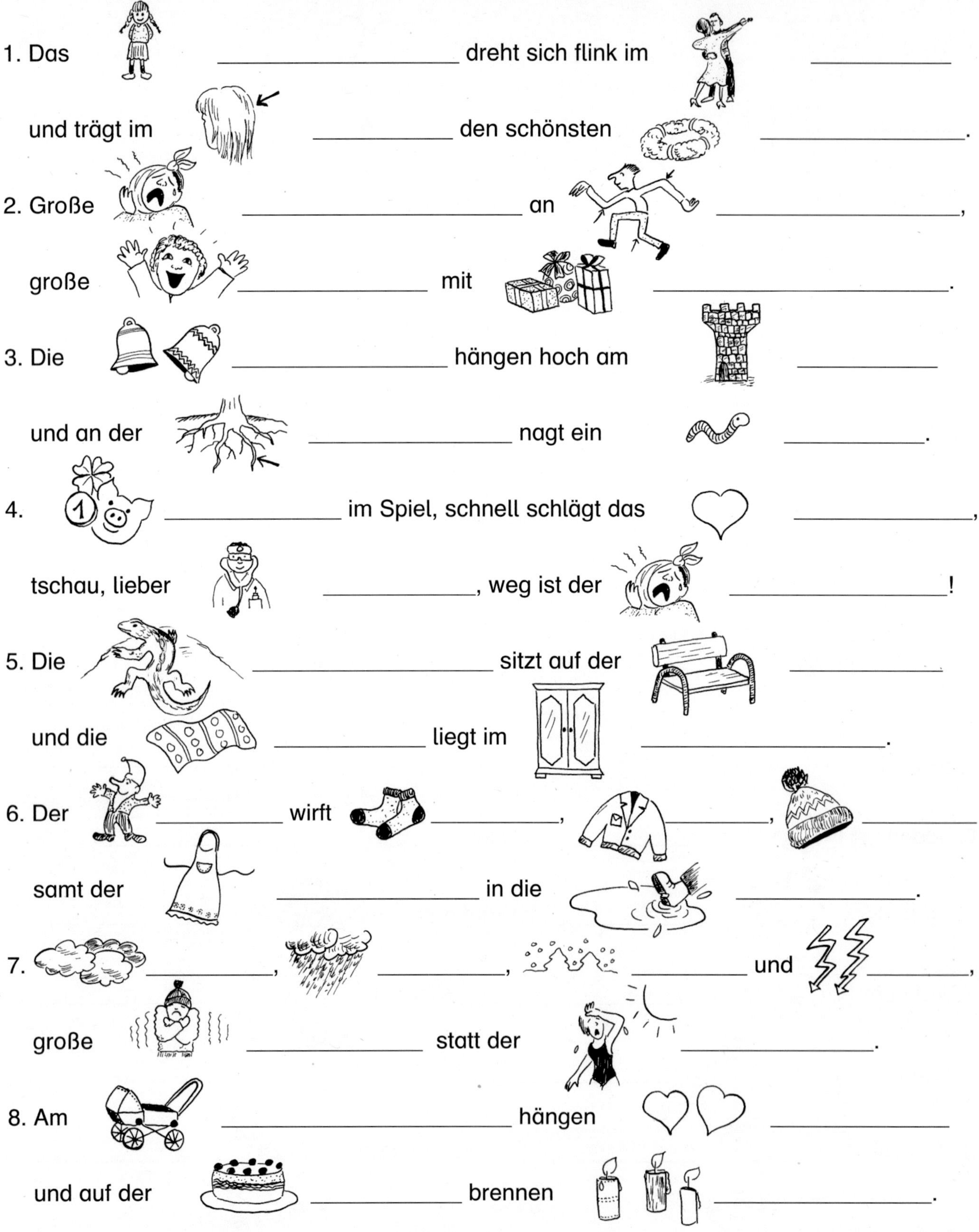

1. Das ___ dreht sich flink im ___
und trägt im ___ den schönsten ___.
2. Große ___ an ___,
große ___ mit ___.
3. Die ___ hängen hoch am ___
und an der ___ nagt ein ___.
4. ___ im Spiel, schnell schlägt das ___,
tschau, lieber ___, weg ist der ___!
5. Die ___ sitzt auf der ___
und die ___ liegt im ___.
6. Der ___ wirft ___, ___, ___
samt der ___ in die ___.
7. ___, ___, ___ und ___,
große ___ statt der ___.
8. Am ___ hängen ___
und auf der ___ brennen ___.

❶ Ordne die Nomen (Namenwörter) jeweils mit Artikel (Begleiter) so:
Wörter mit tz – Wörter mit ck – Wörter mit z – Wörter mit k – andere Wörter.

❷ Unterstreiche die Verben (Tunwörter) und schreibe die Sätze als Laufdiktat in der Vergangenheit: drehte, trug, hingen, nagte, schlug, war, saß, lag, warf, hingen, brannten.

F. Plötz/R. Plötz/T. Schnagl: Kreuz und quer durch den Grundwortschatz – Band 1
© Persen Verlag

Zusammengesetzte Nomen mit z, tz, k oder ck

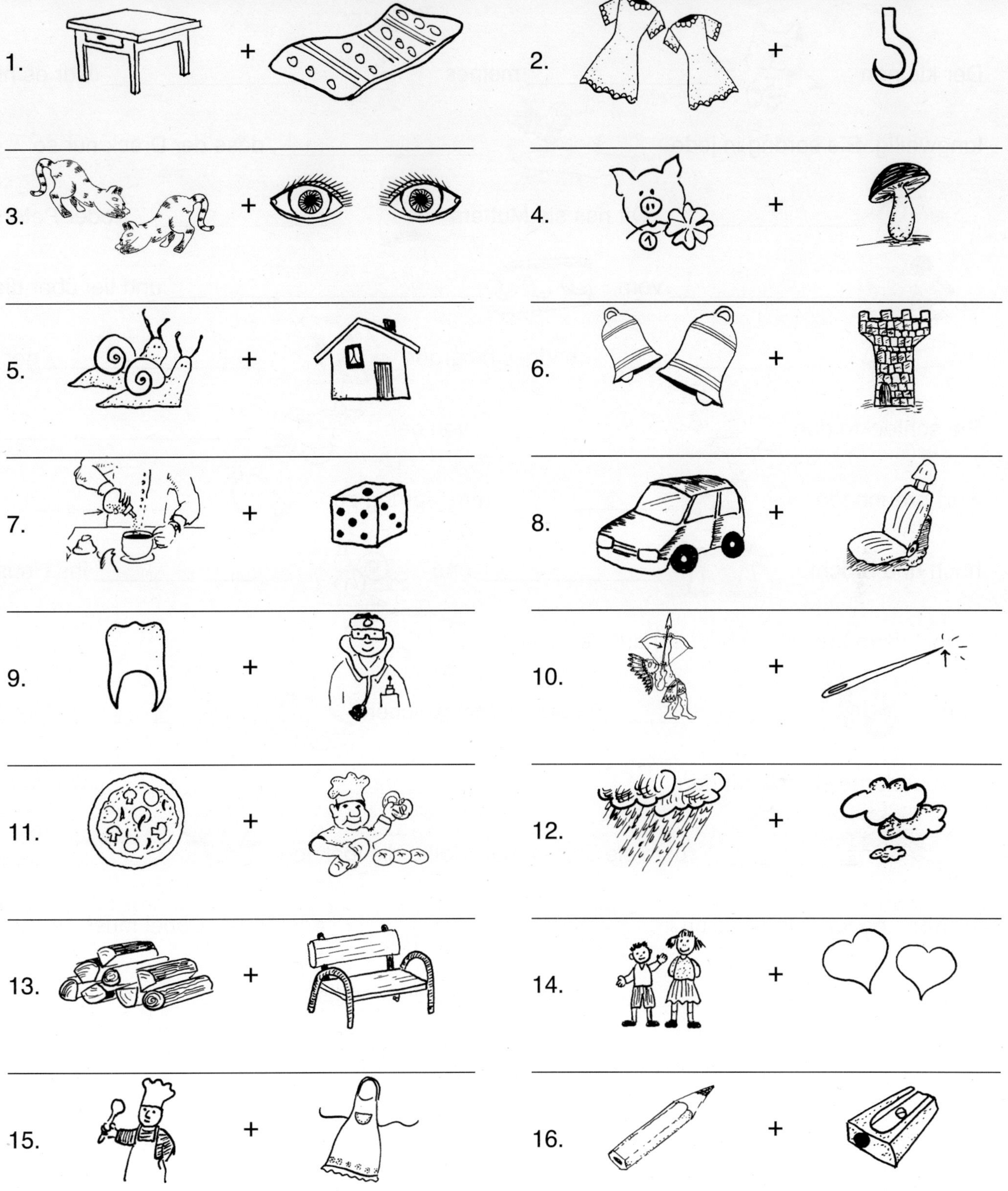

❶ Schreibe so: die Tischdecke = der Tisch + die Decke

❷ Zu welchen Nomen (Namenwörtern) passen diese Adjektive (Wiewörter):
nützlich, schmutzig, spitz, dreckig, eckig, glücklich, schrecklich, trocken
und diese Verben (Tunwörter):
sitzen, kratzen, schwitzen, verletzen, backen, drücken, schmecken, erschrecken?

© Persen Verlag

Minki! Wörter mit z, tz, k oder ck

Der kleinen ______________ meines ______________ war es nie langweilig. Sie sprang in jede ______________, dass der Dreck nur so ______________. Oft riss sie Mutters ______________ oder Peters ______________ vom ______________ und lief über die ______________, sodass es große ______________ gab. Sie schleckte den ______________ von den ______________, warf brennende ______________ um, sprang zur ______________ hoch und brachte ______________ und ______________ ins Haus. Wenn sie müde war, schlief sie auf der neuen ______________, auf dem ______________ oder auf dem weichen + ______________. Einmal durfte sie mit auf den ______________. Wie der ______________ raste sie dort umher, wollte die lästigen ______________ fangen und landete plötzlich im ______________ des Tores. Dabei muss sie sich aber böse ______________ haben. Jedenfalls hatte sie so große ______________, dass wir sie zum + ______________ bringen mussten. Dank einer ______________ war sie bald wieder putzmunter und … zwickte unseren armen Waldi kräftig in den ______________.

❶ Schreibe so: *Wörter mit z* | *Wörter mit tz* | *Wörter mit k* | *Wörter mit ck*

❷ Unterstreiche die Adjektive (Wiewörter) und schreibe so: Die Katze war klein.

❸ Suche zu zehn Nomen (Namenwörtern) Reimwörter: die Katze – die Fratze

© Persen Verlag

S
COOL

Wörter mit g, k, ck oder x

❶ Kannst du jedes Bild zum Kreuzworträtsel in einem Satz beschreiben? Verwende auch Adjektive (Wiewörter).

© Persen Verlag

Ein ___?___

Wörter mit g, k, ck oder x

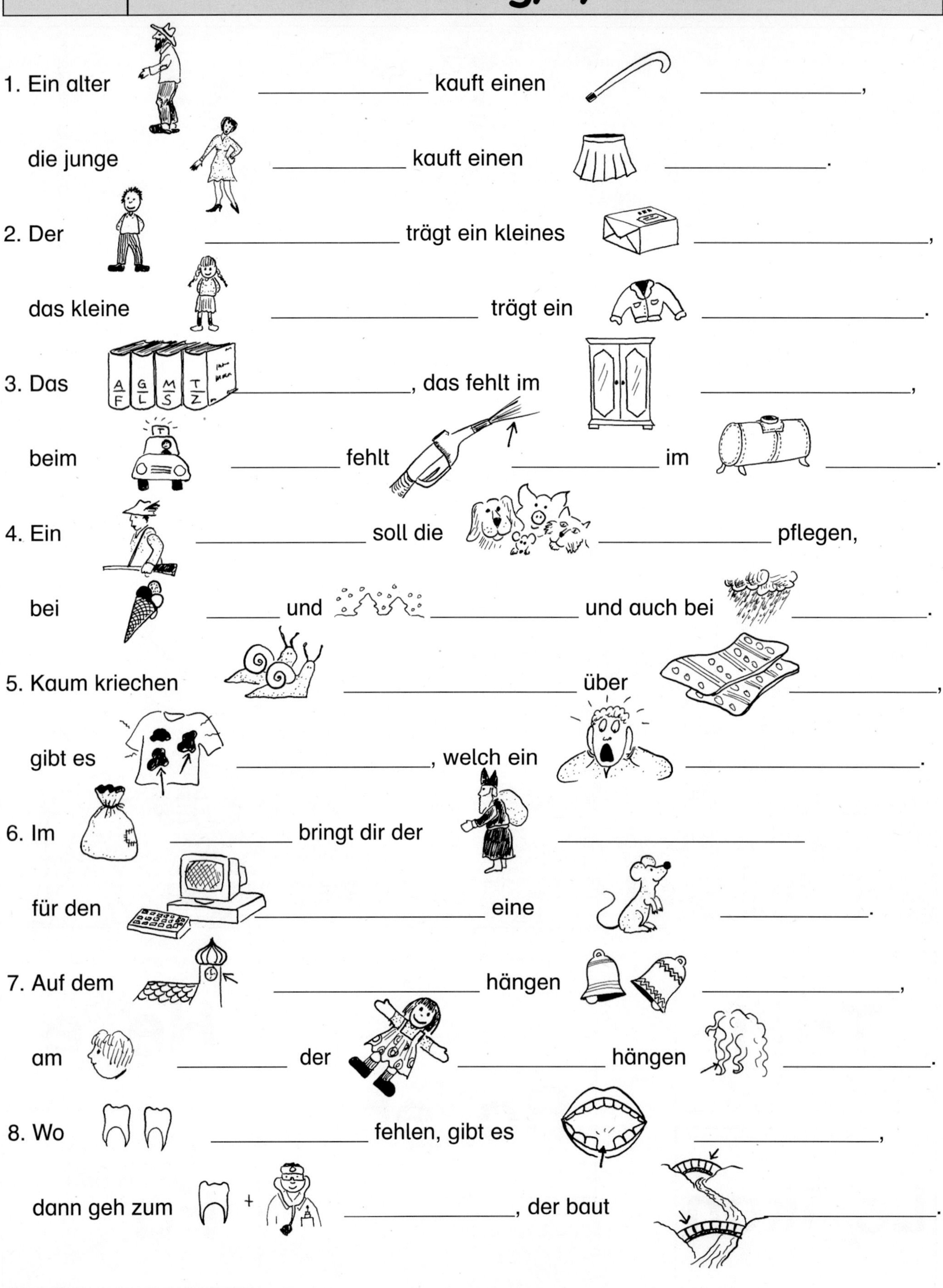

1. Ein alter ______ kauft einen ______,
   die junge ______ kauft einen ______.
2. Der ______ trägt ein kleines ______,
   das kleine ______ trägt ein ______.
3. Das ______, das fehlt im ______,
   beim ______ fehlt ______ im ______.
4. Ein ______ soll die ______ pflegen,
   bei ______ und ______ und auch bei ______.
5. Kaum kriechen ______ über ______,
   gibt es ______, welch ein ______.
6. Im ______ bringt dir der ______
   für den ______ eine ______.
7. Auf dem ______ hängen ______,
   am ______ der ______ hängen ______.
8. Wo ______ fehlen, gibt es ______,
   dann geh zum ______, der baut ______.

❶ Ordne die Nomen (Namenwörter) mit Artikel (Begleiter) so:
Wörter mit k – Wörter mit ck – Wörter mit x – andere Wörter.

❷ Zu welchen Nomen findest du passende Adjektive (z. B.: *der **neue** Stock*)?

F. Plötz/R. Plötz/T. Schnagl: Kreuz und quer durch den Grundwortschatz – Band 1
© Persen Verlag

Wörter mit aa und oo

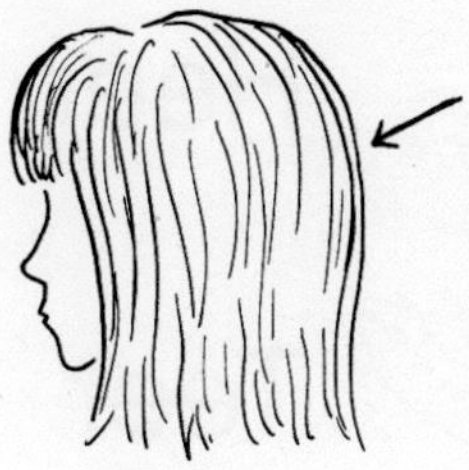

das Haar

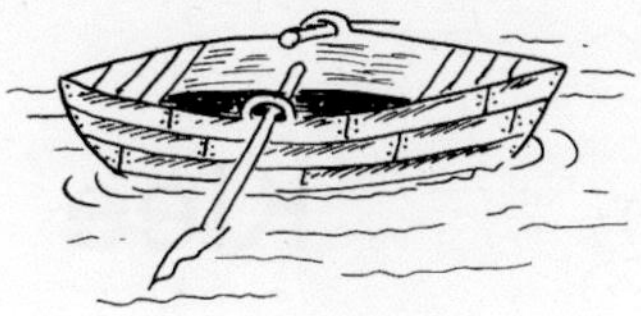

das Boot

das Paar

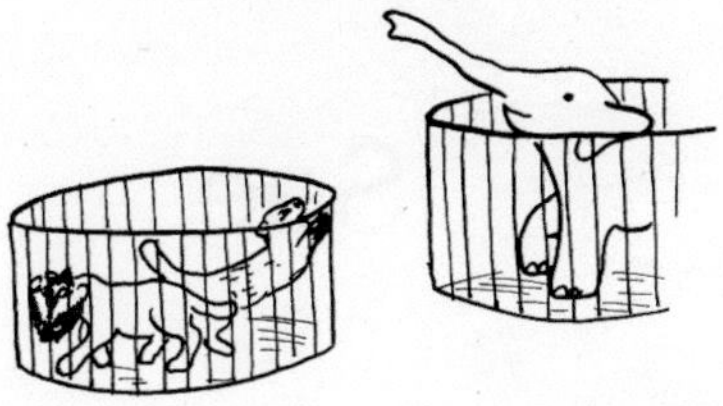

der Zoo

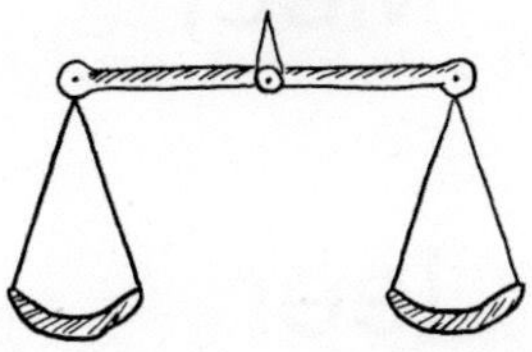

die Waage

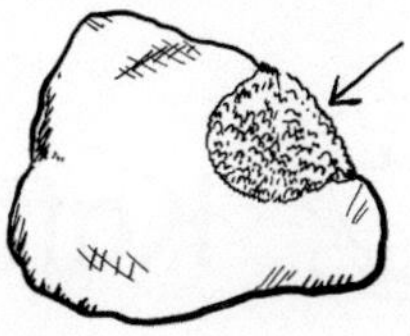

das Moos

der Saal

das Moor

der Staat

der Pool

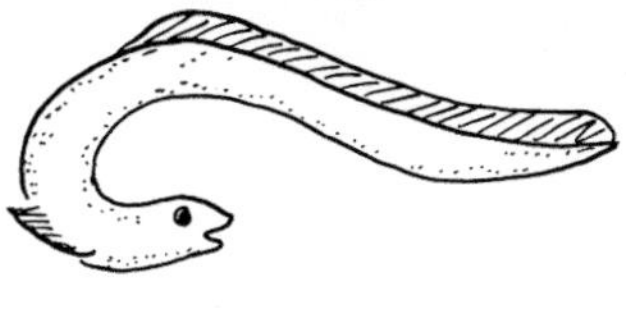

der Aal

er ist cool

❶ Zu welchen Nomen (Namenwörtern) passen folgende Adjektive (Wiewörter): interessant, feucht, blond, schnell, genau, groß, glücklich, lang?
Schreibe z. B. so: *Das Haar ist blond.*

❷ Merke dir die Bilder und lerne die Wörter auswendig.
Notiere, welche Wörter du behalten hast. Wie viele sind es?

❸ Wie viele Wörter bringst du in zwei Bandwurmsätzen unter?
Verwende auch Adjektive (Wiewörter).

© Persen Verlag

Wörter mit ee

Schnee

Klee

See

Fee

Kaffee

Tee

Idee

Gelee

Armee

Allee

Heer

Teer

Speer

Meer

leer

Beeren

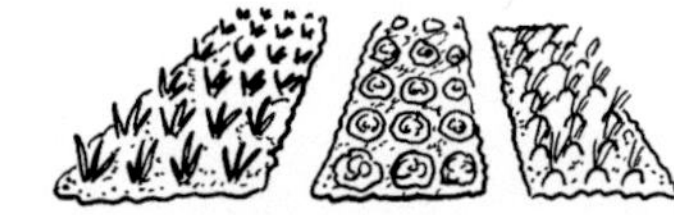

Beete

Moschee

❶ Zu welchen Nomen (Namenwörtern) passen die Adjektive (Wiewörter):
grün, groß, tief, heiß, klein, wunderschön, süß, klebrig, schwarz, spitz, weiß, blau?
Schreibe z. B. so: *Das Meer ist tief.*

❷ Merke dir die Bilder und lerne die Wörter auswendig.
Notiere dann die Wörter, welche du behalten hast. Wie viele sind es?

❸ Beschreibe jedes Bild in einem Satz. Verwende auch Adjektive (Wiewörter).

F. Plötz/R. Plötz/T. Schnagl: Kreuz und quer durch den Grundwortschatz – Band 1
© Persen Verlag

Wörter mit ai

der Kaiser

der Kai

der Bonsai

der Hai

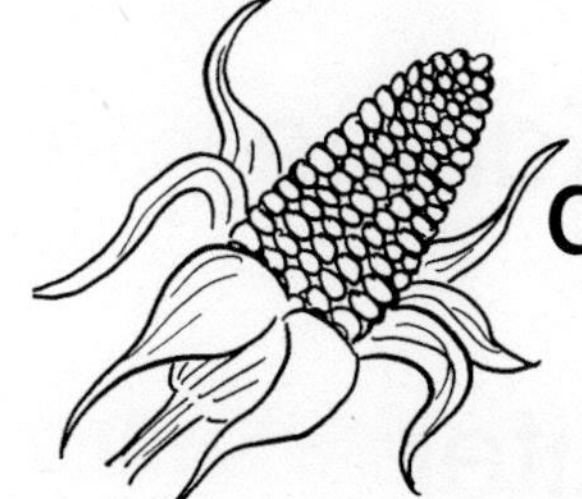

der Mais

der Mai

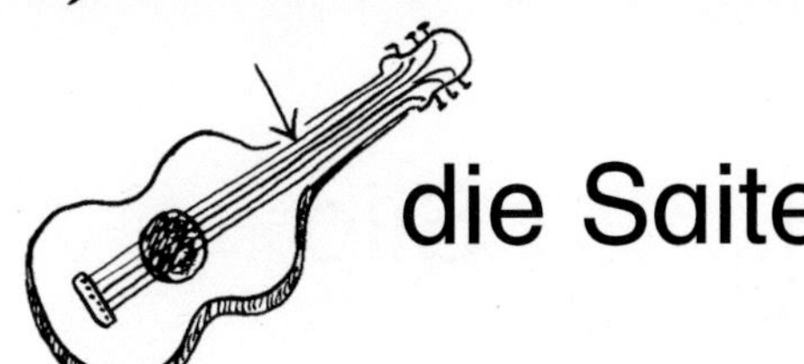

die Saite

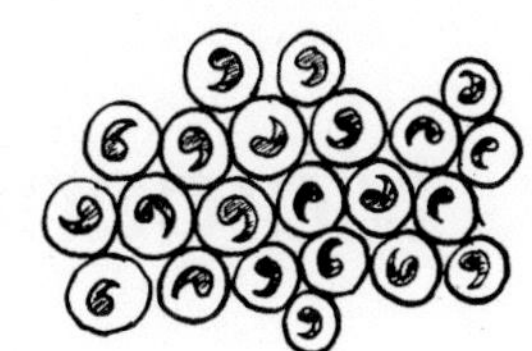

der Laich

der Laib (Brot)

der Main

der Heimtrainer

er ist fair

❶ Zu welchen Nomen (Namenwörtern) passen die Adjektive (Wiewörter):
kurvenreich, gerecht, glitschig, tief, schön, frisch, gefährlich, neu, gelb?
Schreibe so: *der gerechte Kaiser – Wie ist der Kaiser? Er ist gerecht.*

❷ Merke dir die Bilder und lerne die Wörter auswendig.
Notiere alle Wörter, die du behalten hast. Wie viele sind es?

❸ Wie viele Wörter bringst du in zwei Bandwurmsätzen unter?
Verwende dabei auch Adjektive.

© Persen Verlag

So merke ich mir diese Wörter mit i!

Delfine

Praline

Rosine

Mandarine

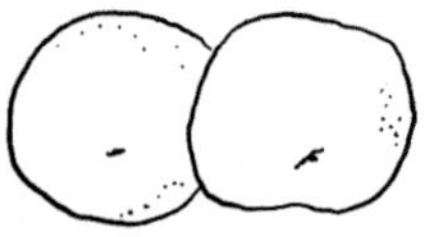

Apfelsine

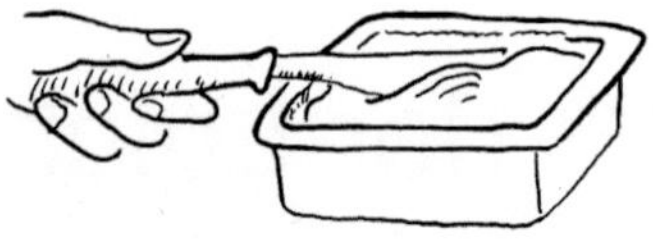

Margarine

Sardine

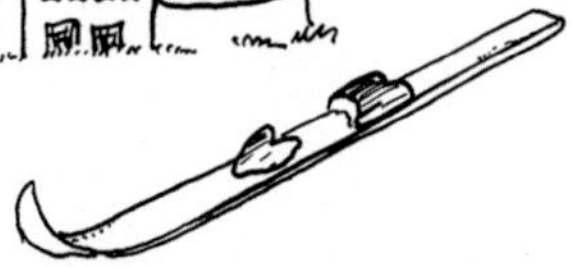

Maschine

Lawine

Bleistiftmine

Ruine

Marine

Violine

Kabine

Liter

Silo

Schi

Tiger

Igel

Kilo

❶ Zu welchen Nomen (Namenwörtern) passen diese Verben (Tunwörter): schwimmen, trinken, stehen, spielen, schmecken, schälen, füllen, fahren, laufen, wiegen, schließen?

❷ „Der kleine Tiger unterwegs!“ Lass dir dazu eine Geschichte einfallen.
Was hat er alles gesehen, gesucht, probiert, gefressen, kaputt gemacht?
Wo hat er sich versteckt? Wo hat er vielleicht geschlafen? Wen hat er erschreckt?

© Persen Verlag

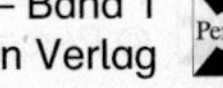

Ein ___?___	Wörter mit aa, ee, oo, ai

1. Kauf ______________ für das ______________

und eine ______________ für dein ______________.

2. Die ______________ trinkt heute den ______________

und auch den ______________ am tiefen ______________.

3. Dieser ______________ ist ein ______________

und dieser ______________ ein großer ______________.

4. Im ______________ mit einem ______________

fährt meine ______________ übers ______________.

5. Den ______________ vom Frosch siehst du im ______________

und den ______________ schießt du ins ______________.

6. Auf der ______________ liegt ein ______________

und auf dem ______________ sitzt mein ______________.

7. Das ______________, das legt sich auf den ______________;

der ______________ freut sich auf den ______________.

8. Dem ______________ schmeckt die Schale ______________,

die junge ______________, die mag den ______________.

❶ Ordne die Nomen (Namenwörter) mit Artikel (Begleiter) so:
Wörter mit aa – Wörter mit ee – Wörter mit oo – Wörter mit ai – andere Wörter.

❷ Suche zu den Nomen passende Adjektive (Wiewörter). Schreibe z. B. so:
*Der Junge ist **brav**. Ich kenne einen **braven** Jungen.*

© Persen Verlag

Zusammengesetzte Nomen mit aa, ee, oo oder ai

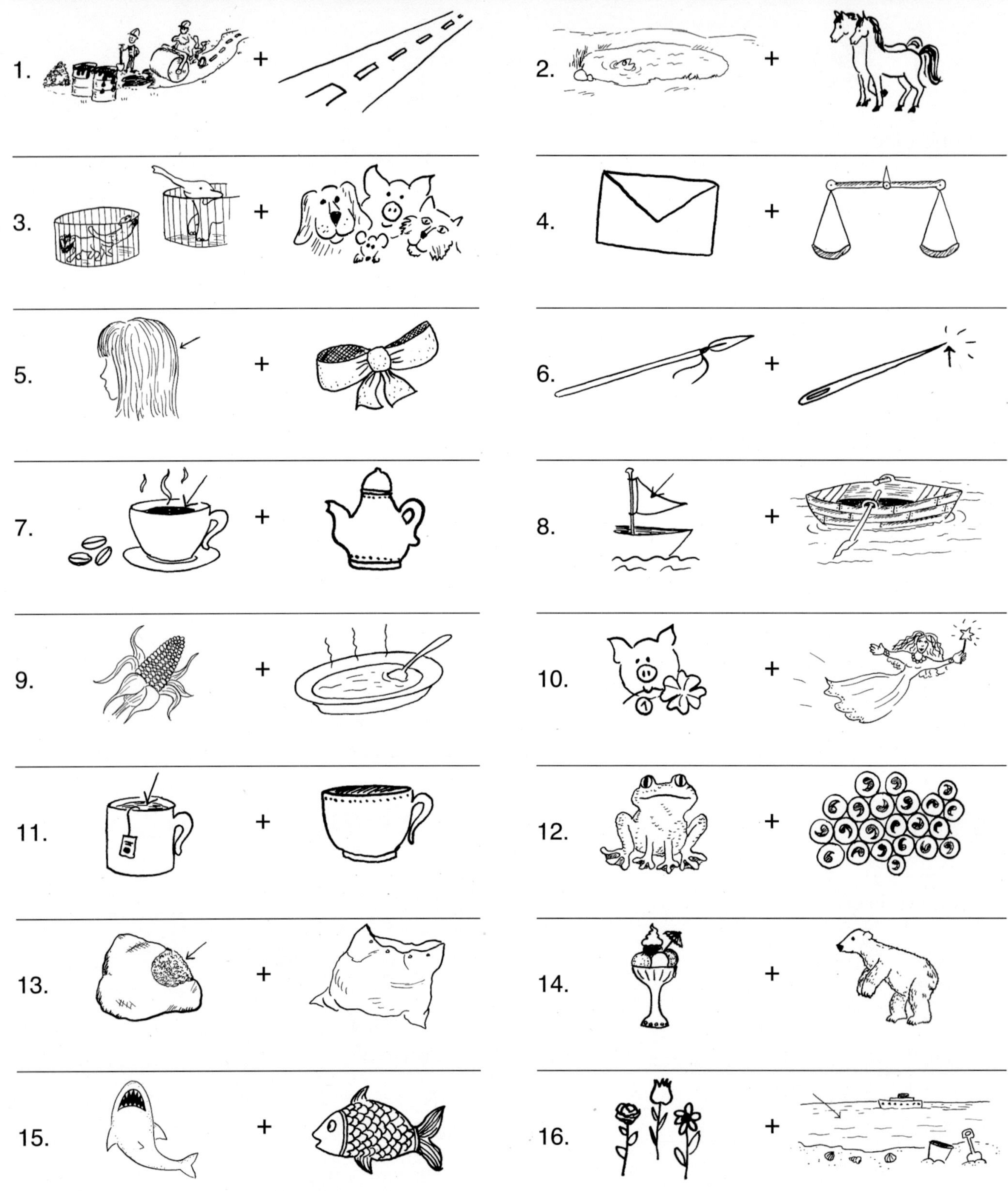

❶ Schreibe so: die Teerstraße = der Teer + die Straße

❷ Mit welchen Bildern kannst du andere zusammengesetzte Nomen (Namenwörter) bilden?
das Auto (1), der Hund (2), das Haus (3), die Personen (4), der Kopf (5),
die Nadel (6), die Milch (7), der Motor (8), das Feld (9), das Kind (10).

© Persen Verlag

Im Reich der Feen! Viele Wörter mit aa, ee, oo, ai

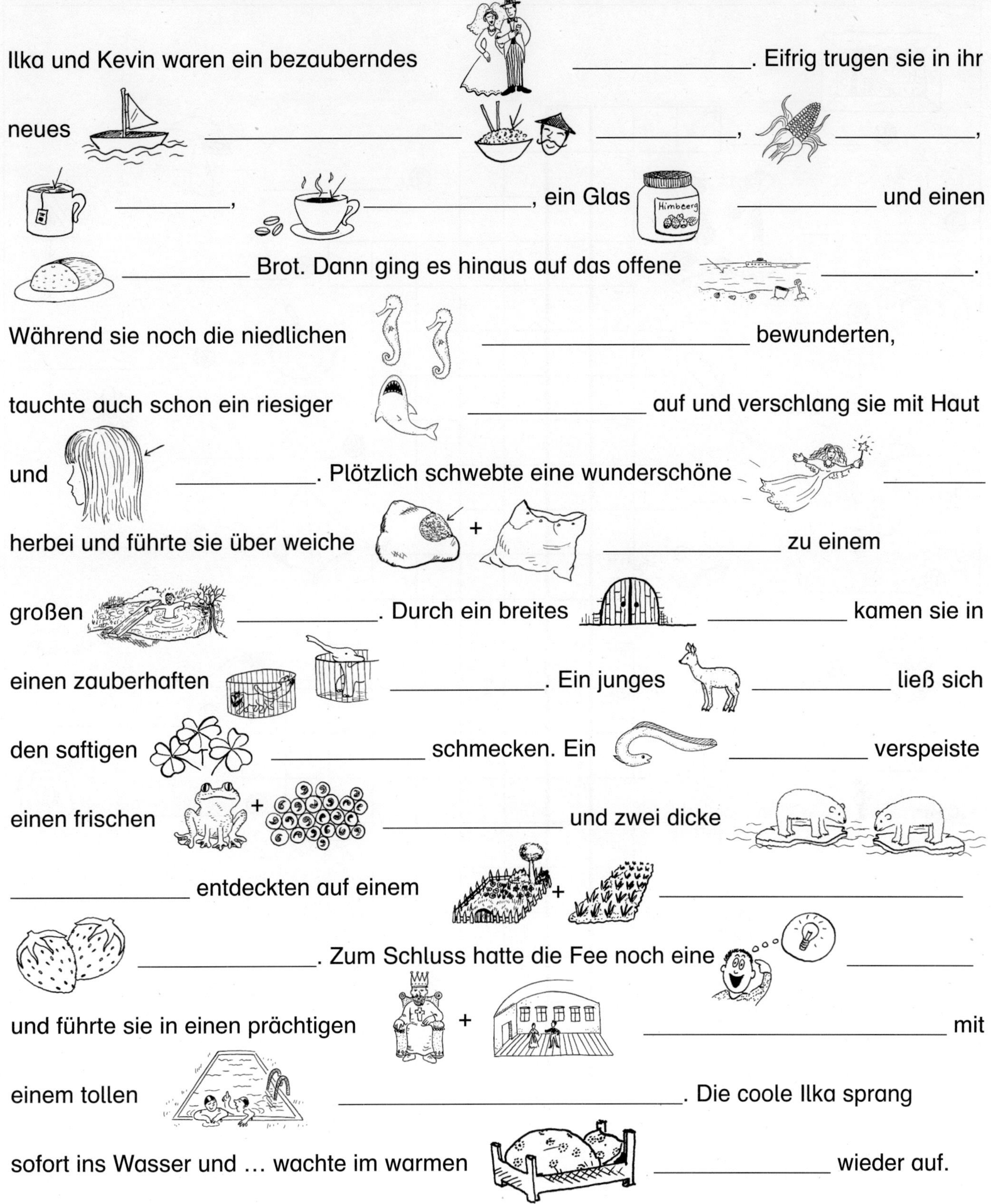

Ilka und Kevin waren ein bezauberndes ________. Eifrig trugen sie in ihr neues ________ ________, ________, ________, ________, ein Glas ________ und einen ________ Brot. Dann ging es hinaus auf das offene ________. Während sie noch die niedlichen ________ bewunderten, tauchte auch schon ein riesiger ________ auf und verschlang sie mit Haut und ________. Plötzlich schwebte eine wunderschöne ________ herbei und führte sie über weiche ________ zu einem großen ________. Durch ein breites ________ kamen sie in einen zauberhaften ________. Ein junges ________ ließ sich den saftigen ________ schmecken. Ein ________ verspeiste einen frischen ________ und zwei dicke ________ entdeckten auf einem ________ ________. Zum Schluss hatte die Fee noch eine ________ und führte sie in einen prächtigen ________ mit einem tollen ________. Die coole Ilka sprang sofort ins Wasser und … wachte im warmen ________ wieder auf.

❶ Schreibe alle Wörter mit aa, ee, oo und ai untereinander.
❷ Unterstreiche die Adjektive (Wiewörter) und schreibe so: Der Hai war riesig.
❸ Schreibe die Geschichte in der Wir-Form. Ilka (Kevin) und ich – Wir …

S		
C	O	O	L

Wörter mit l oder ll

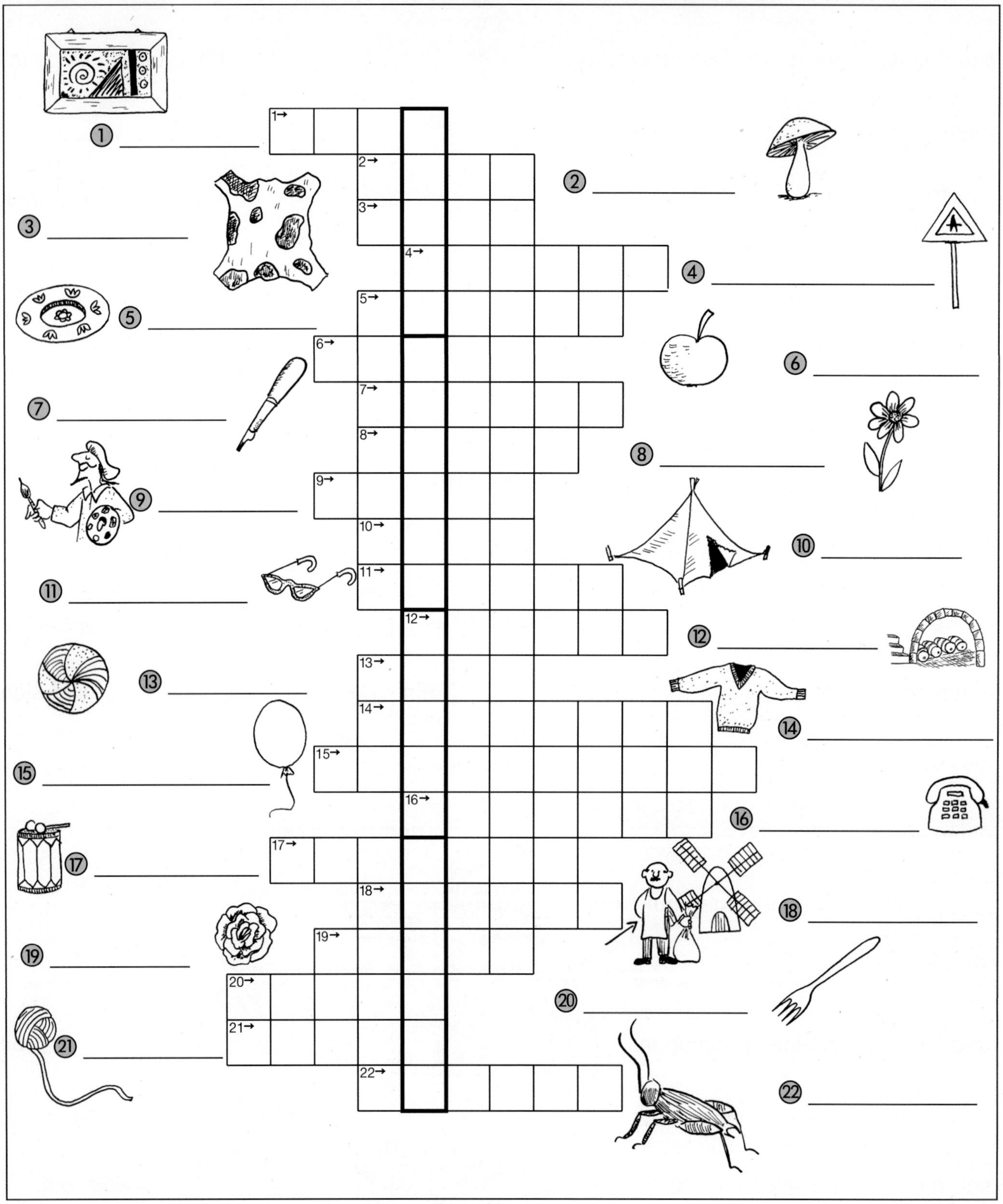

1→ 2→ 3→ 4→ 5→ 6→ 7→ 8→ 9→ 10→ 11→ 12→ 13→ 14→ 15→ 16→ 17→ 18→ 19→ 20→ 21→ 22→

① ______
② ______
③ ______
④ ______
⑤ ______
⑥ ______
⑦ ______
⑧ ______
⑨ ______
⑩ ______
⑪ ______
⑫ ______
⑬ ______
⑭ ______
⑮ ______
⑯ ______
⑰ ______
⑱ ______
⑲ ______
⑳ ______
㉑ ______
㉒ ______

❶ Suche alle Nomen (Namenwörter) mit ll heraus und liste sie mit Artikel (Begleiter) untereinander auf.

❷ Suche zu vier der Nomen verwandte Verben (Tunwörter). Schreibe: *der **Füller** – wir **füllen**.*

❸ Überlege dir eine Geschichte, in der die folgenden Begriffe vorkommen: der Maler, die Brille, das Bild, die Blume, die Grille, der Pilz, das Telefon, der Müller.

F. Plötz/R. Plötz/T. Schnagl: Kreuz und quer durch den Grundwortschatz – Band 1
© Persen Verlag

Wörter mit m oder mm

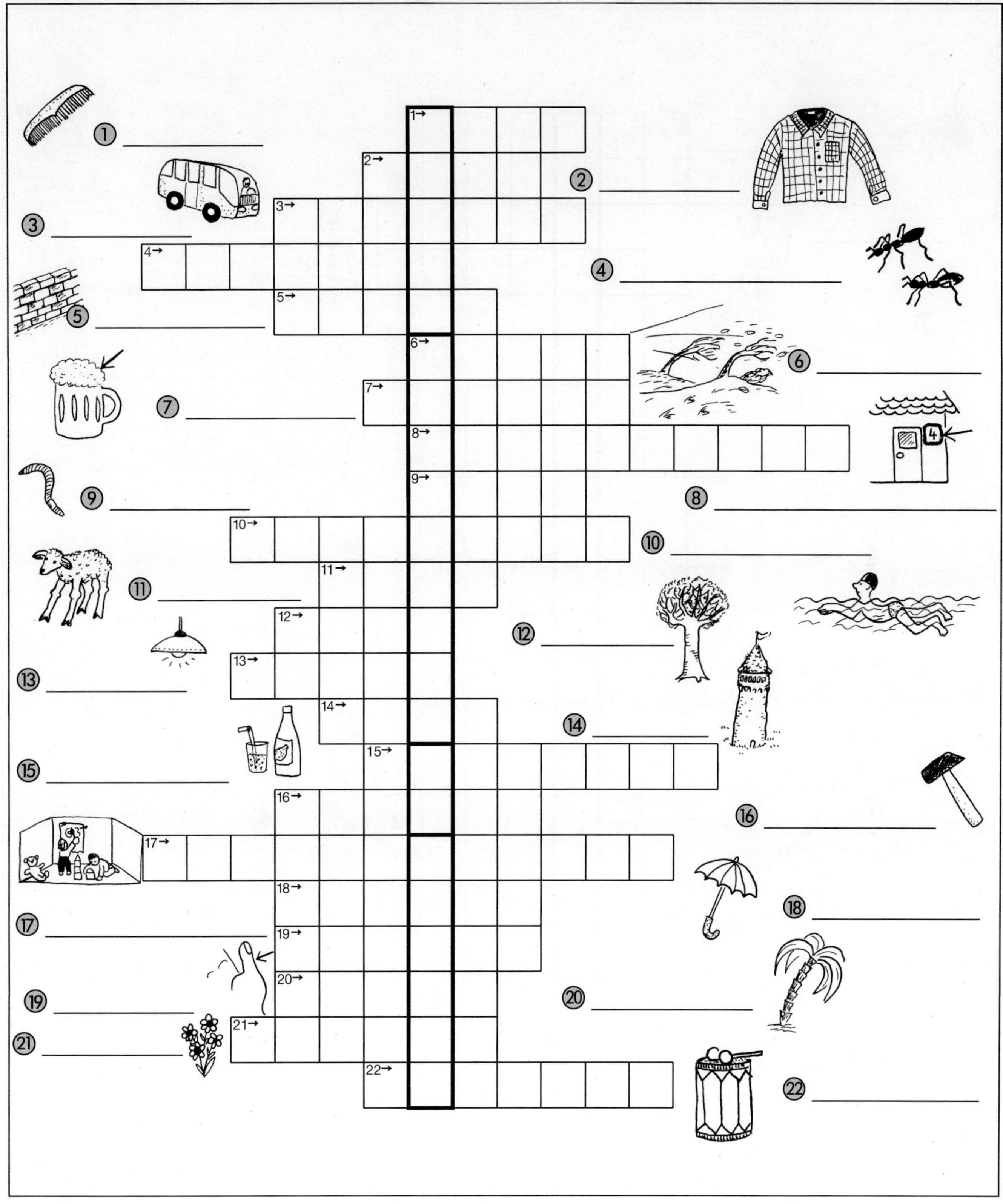

❶ Suche alle Nomen (Namenwörter) mit mm heraus und liste sie mit Artikel (Begleiter) untereinander auf.

❷ Finde sechs Nomen mit verwandten Verben (Tunwörtern). Schreibe z. B. so: *der **Hammer** – wir **hämmern**.*

❸ Zu welchen der Nomen fallen dir Adjektive (Wiewörter) ein? Schreibe z. B. so: *das **bunte** Hemd.*

Wörter mit n, hn oder nn

① ______
② ______
③ ______
④ ______
⑤ ______
⑥ ______
⑦ ______
⑧ ______
⑨ ______
⑩ ______
⑪ ______
⑫ ______
⑬ ______
⑭ ______
⑮ ______
⑯ ______
⑰ ______
⑱ ______
⑲ ______
⑳ ______
㉑ ______
㉒ ______

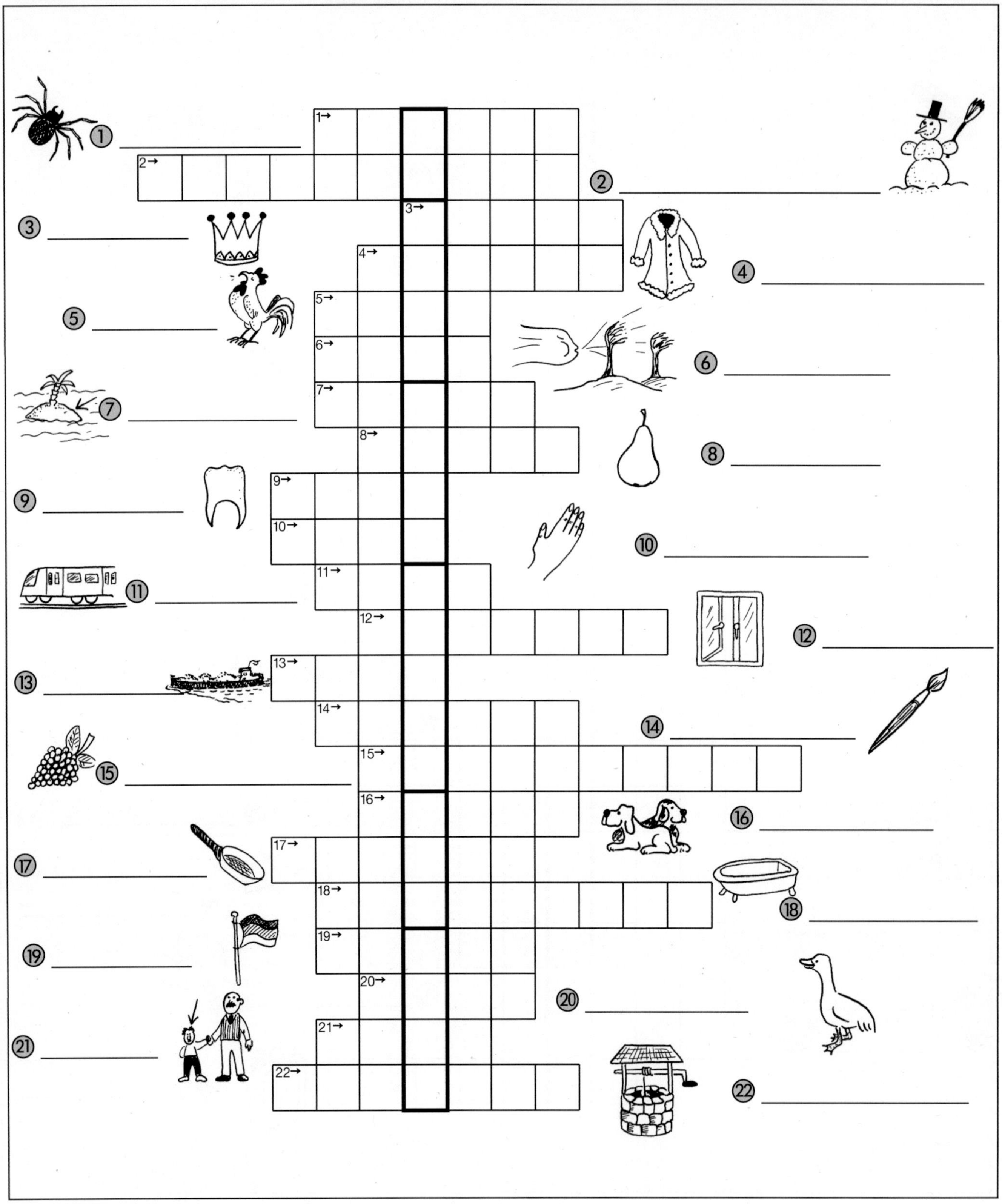

❶ Ordne die Nomen (Namenwörter) mit Artikel (Begleiter) so:
Wörter mit n – Wörter mit hn – Wörter mit nn.

❷ Wie viele der Nomen kannst du – aus der Erinnerung heraus – zeichnen und richtig beschriften?

❸ Schreibe drei Bandwurmsätze mit möglichst vielen der Nomen auf.

© Persen Verlag

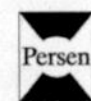

	S		
C	O	O	L

Wörter mit z oder tz, k oder ck

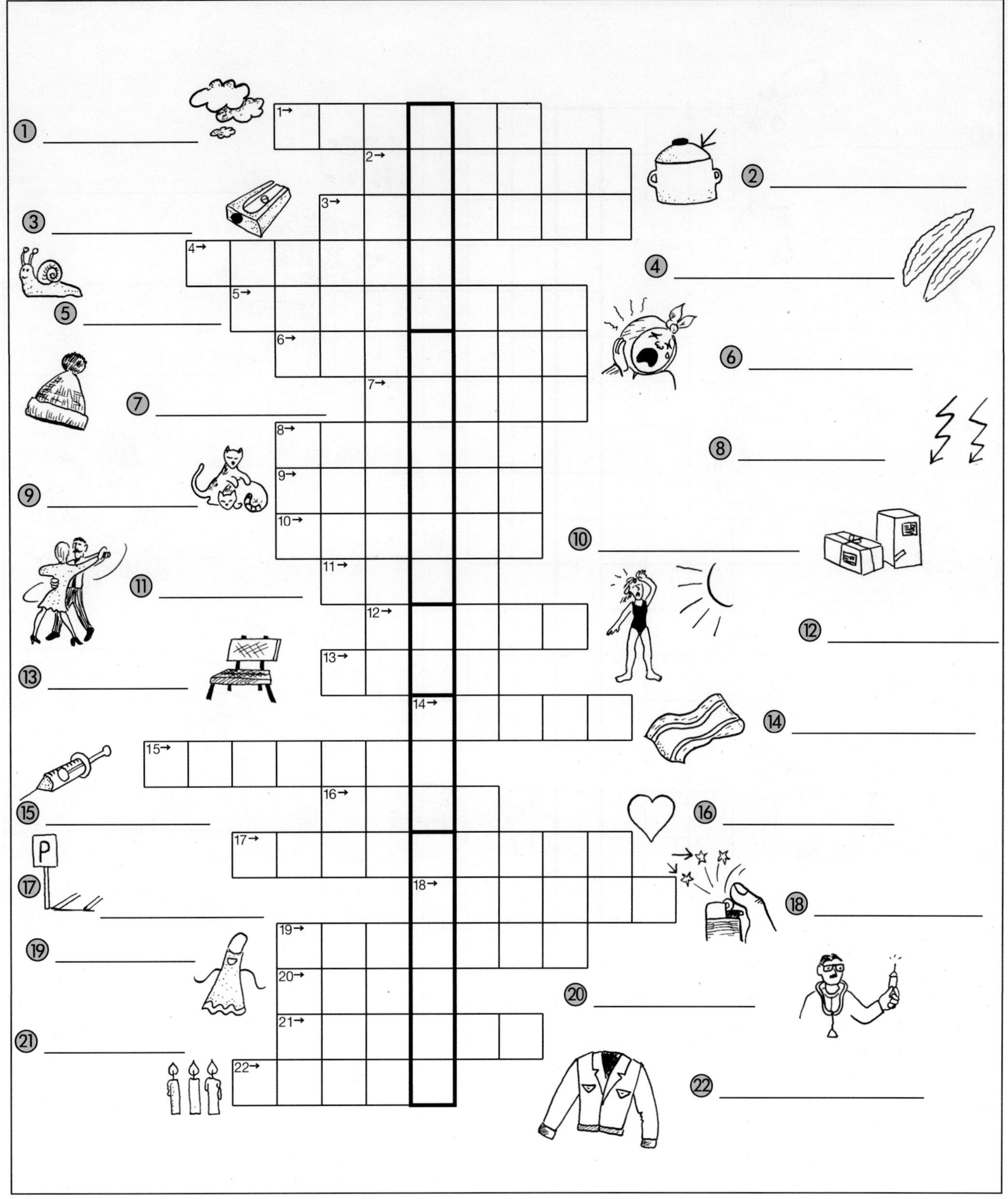

❶ Suche alle Nomen (Namenwörter) mit tz und ck heraus.
Ordne sie mit Artikel (Begleiter) so: *Wörter mit tz – Wörter mit ck.*

❷ Findest du zu sechs Nomen verwandte Verben (Tunwörter)?
Schreibe so: *der* ***Spitzer*** *– wir* ***spitzen****.*

❸ Wie viele Reimwörter findest du zu:
(die) Schlacke, (die) Spitze, (der) Schatz, (die) Hecke, (die) Pfütze, (die) Tatzen?

	S		
C	O	O	L

Wörter mit g, k, ck oder x (1)

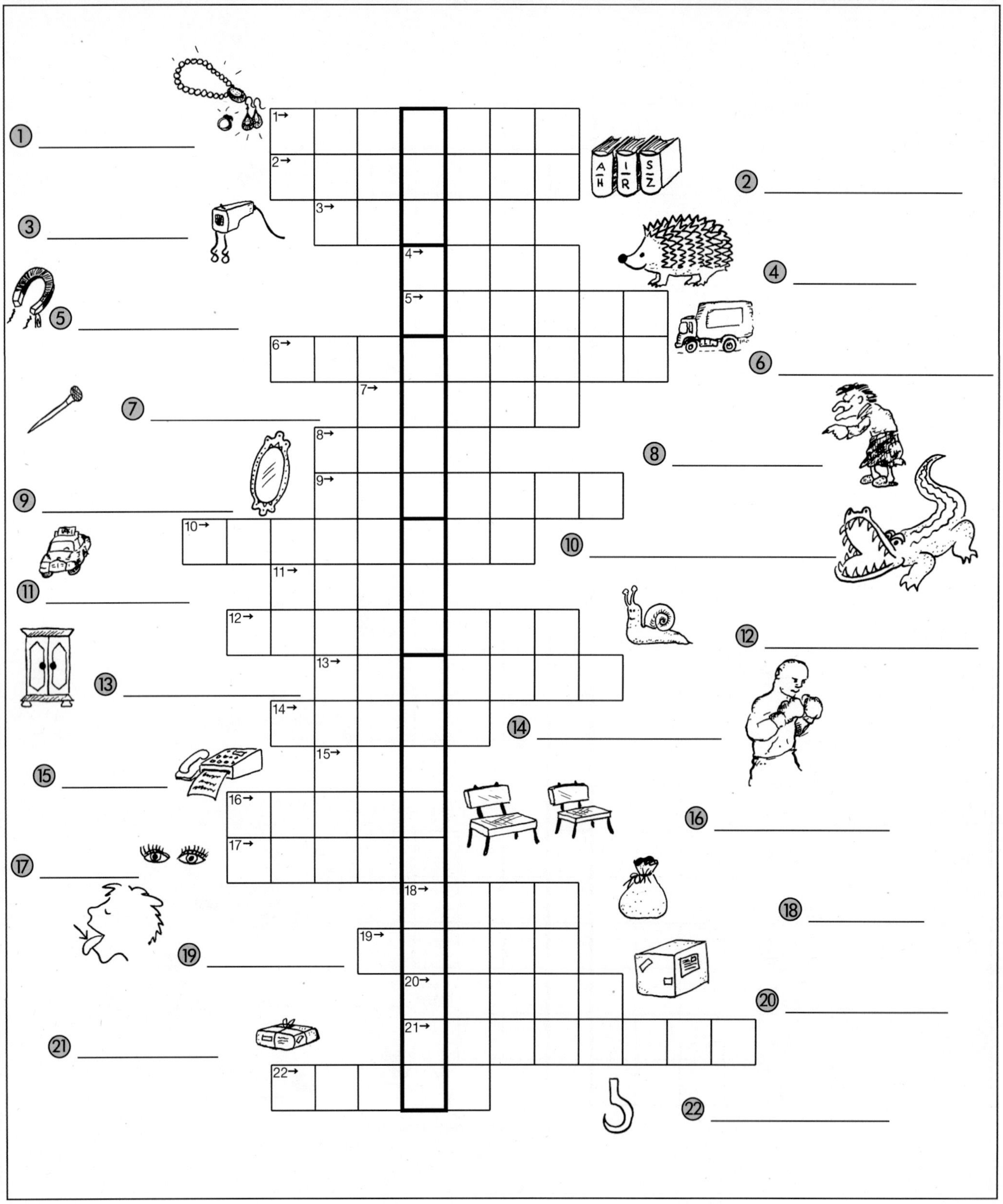

1 →
2 →
3 →
4 →
5 →
6 →
7 →
8 →
9 →
10 →
11 →
12 →
13 →
14 →
15 →
16 →
17 →
18 →
19 →
20 →
21 →
22 →

① ______________
② ______________
③ ______________
④ ______________
⑤ ______________
⑥ ______________
⑦ ______________
⑧ ______________
⑨ ______________
⑩ ______________
⑪ ______________
⑫ ______________
⑬ ______________
⑭ ______________
⑮ ______________
⑯ ______________
⑰ ______________
⑱ ______________
⑲ ______________
⑳ ______________
㉑ ______________
㉒ ______________

❶ Suche alle Nomen (Namenwörter) mit ck und x heraus.
Ordne sie mit Artikel (Begleiter) so: *Wörter mit ck – Wörter mit x.*

❷ Suche dir zehn Bilder aus und lass dir eine lustige Geschichte einfallen.

❸ Findest du zu sechs Nomen die verwandten Verben (Tunwörter)?
Schreibe z. B.: *Das **Päckchen** – wir **packen**.*

F. Plötz/R. Plötz/T. Schnagl: Kreuz und quer durch den Grundwortschatz – Band 1
© Persen Verlag

Wörter mit g, k, ck oder x (2)

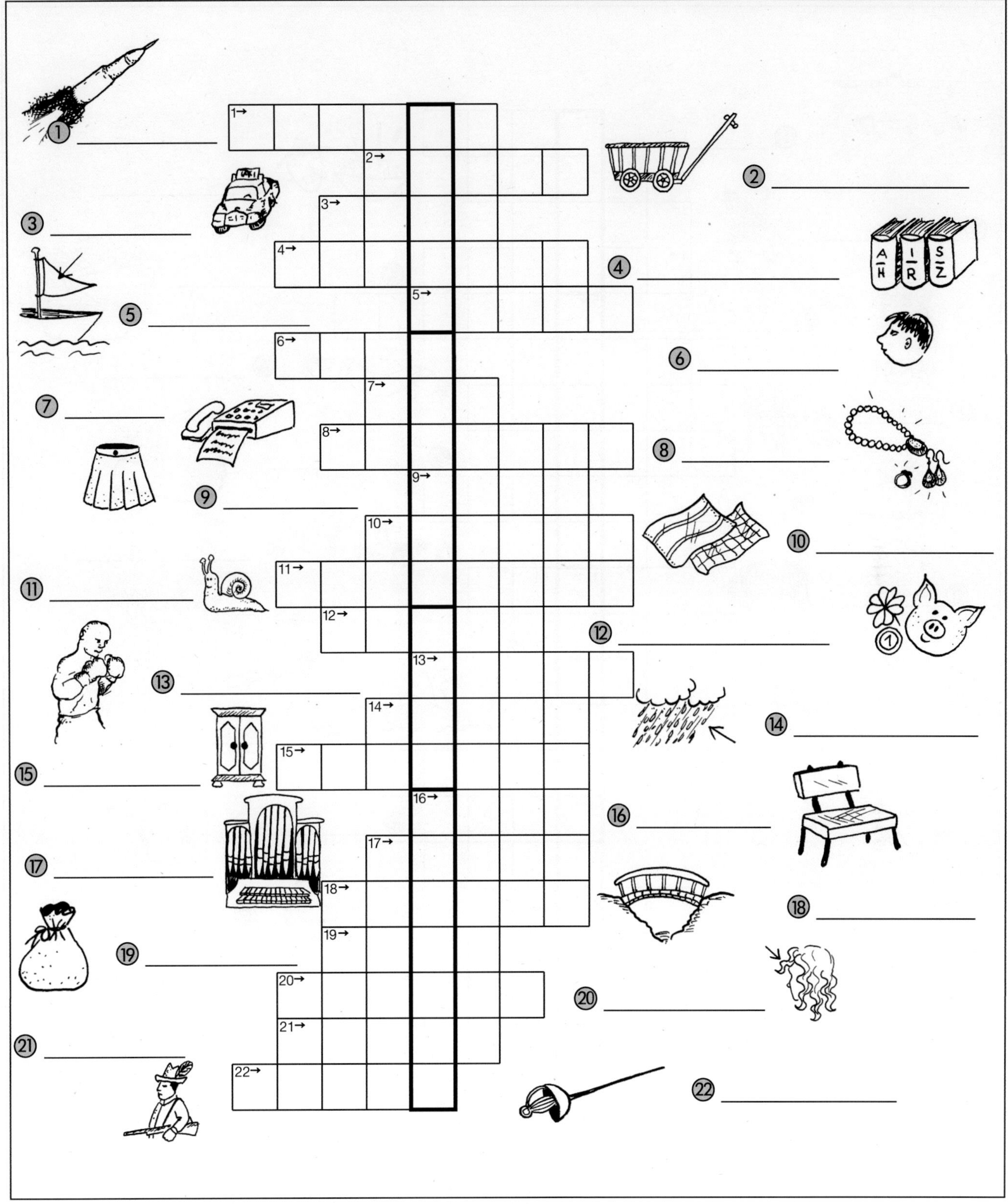

❶ Ordne die Nomen (Namenwörter) mit Artikel (Begleiter) so:
Wörter mit g – Wörter mit k – Wörter mit ck – Wörter mit x.

❷ Findest du zu sechs der Nomen verwandte Verben (Tunwörter)?
Schreibe so: *das* ***Segel*** *– wir* ***segeln****.*

❸ Fällt dir zu den folgenden Nomen eine Geschichte ein: der Jäger, die Jacke, die Brücke, die Schnecke, die Bank, der Regen, die Decke, das Glück, das Taxi?

Wörter mit aa, ee, oo, ai, ei, a, e oder o

SCOOL

1 ____ 2 ____ 3 ____ 4 ____ 5 ____ 6 ____ 7 ____ 8 ____ 9 ____ 10 ____ 11 ____ 12 ____ 13 ____ 14 ____ 15 ____ 16 ____ 17 ____ 18 ____ 19 ____ 20 ____ 21 ____ 22 ____

❶ Ordne die Nomen (Namenwörter) mit Artikel (Begleiter) so:
Wörter mit aa – Wörter mit ee – Wörter mit oo – Wörter mit ai – Wörter mit ei.

❷ Suche im Kreuzworträtsel Reimwörter zu:
(der) Teer, (die) Idee, (die) Rose, (das) Paar, (der) Kai.

❸ Zu welchen der Nomen passen diese Adjektive (Wiewörter): grün, schwarz, weiß, lang, gelb, leicht, klein, wunderschön, gerecht, gefährlich, neu, heiß, feucht, groß, nahrhaft?

F. Plötz/R. Plötz/T. Schnagl: Kreuz und quer durch den Grundwortschatz – Band 1
© Persen Verlag

Spielregeln für die Würfelspiele

Spieler: 1–4

Dauer: ca. 20 min

Material:
- 1 Spielplan und 1 Spielfigur je Kind
- 1 Lösungsblatt
- 1 Würfel
- Stift und Papier

1. Jedes Kind hat einen Spielplan vor sich.
2. Ein Kind würfelt und rückt auf seinem Spielplan die entsprechende Anzahl an Feldern vor.
3. Landet es auf einem nummerierten Feld mit einem abgebildeten Gegenstand, schreiben alle Kinder das entsprechende Wort gleichzeitig in ihre Hefte. Nicht abgucken!
   Das geschriebene Wort wird jeweils mit dem Lösungswort (s. Lösungsblatt) abgeglichen. Diejenigen, welche das Wort richtig geschrieben haben, dürfen auf ihrem Spielplan um ein Feld vorrücken. Alle anderen bleiben stehen und berichtigen das falsch geschriebene Wort.
4. Landet das Kind, welches gerade am Zug ist, dagegen auf einem Feld mit Pfeil, dann rückt es allein auf das angezeigte Feld vor bzw. zurück.
5. Nun ist – auch nach einer 6 – das nächste Kind an der Reihe. Kommt es durch seinen Würfelwurf auf ein neues Feld, wird das entsprechende Wort von allen Kindern aufgeschrieben usw. (s. o.). Wegen der Übersichtlichkeit sollten die Wörter untereinander aufgelistet werden.
   Kommt das Kind aber auf ein bereits erobertes Feld, ist sofort das nächste Kind an der Reihe, damit jedes Wort nur einmal geschrieben wird.
6. Wer als Erstes ins Ziel kommt, hat gewonnen!

Hinweise für Lehrerinnen und Lehrer

- Es empfiehlt sich jeden Spielplan am Kopierer auf DIN A3 zu vergrößern, seine Bilder auszumalen und ihn zu laminieren.
- Auch Kinder mit großen Rechtschreibproblemen können gewinnen. Während des Spieles sollte man ihnen nebenbei die Regeln erklären und auf diese Weise behutsam helfen.
- Besonders gut eignen sich die Spiele für **„Deutsch als Fremdsprache“**!

a) Das entsprechende Wort wird mit dem Artikel gesprochen (und geschrieben).
b) Es werden kurze Sätze gebildet: Das ist ein … Das sieht aus wie ein …
c) Der (die, das) … ist groß, klein, schön, hässlich … größer/kleiner als …
d) Wo bist du? Ich bin auf/über/neben dem Hasen, … der Seife, … dem Dach …
e) Was siehst/hast/kaufst … du? Was magst du am liebsten? Was gar nicht?
f) Was möchtest, hättest du gerne? Was würdest du nicht kaufen? Ich hätte …

Spielerisch werden so **einfache Satzstrukturen** und ein **umfangreicher Wortschatz** eingeübt. Vor Spielbeginn sollte man sich über die jeweilige Satzstruktur einigen.

© Persen Verlag

Wörter mit l oder ll, m oder mm, n oder nn, r oder rr

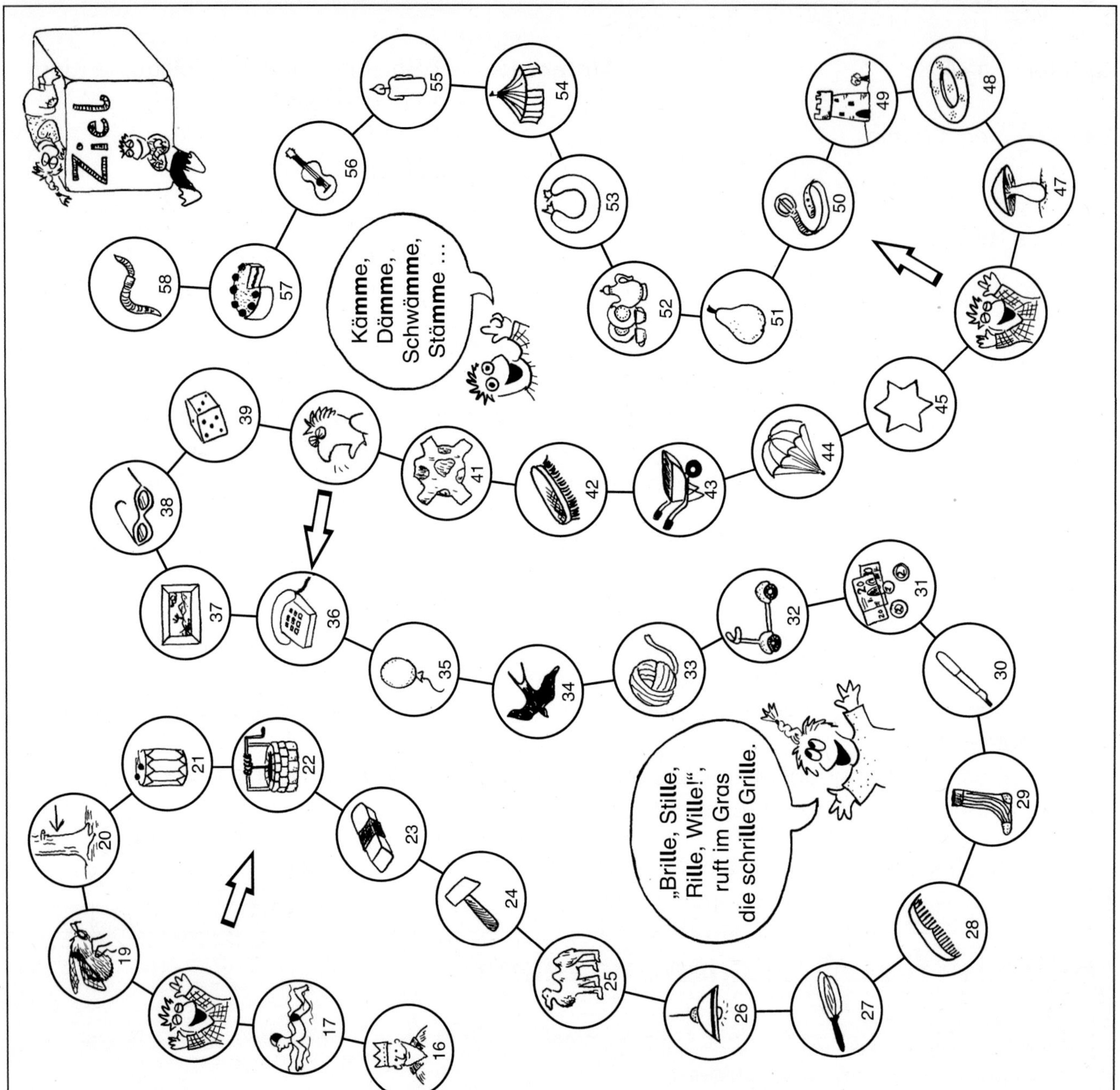

Ziel

Kämme, Dämme, Schwämme, Stämme …

„Brille, Stille, Rille, Wille!“, ruft im Gras die schrille Grille.

Rennen, kennen, trennen, brennen … mit **nn** kannst du sie nennen!

Start

F. Plötz/R. Plötz/T. Schnagl: Kreuz und quer durch den Grundwortschatz – Band 1
© Persen Verlag

Wörter mit l oder ll, m oder mm, n oder nn, r oder rr

1. die Badewanne (die Badewannen)
2. die Spinne (die Spinnen)
3. die Kaffeekanne (die Kaffeekannen)
4. die Gans (die Gänse)
5. die Ente (die Enten)
6. die Insel (die Inseln)
7. der Tannenbaum (die Tannenbäume)
8. der Mantel (die Mäntel)
9. *Rücke vor auf Feld 13!*
10. der Schneemann (die Schneemänner)
11. die Sonne (die Sonnen)
12. das Fenster (die Fenster)
13. der Hamster (die Hamster)
14. die Limonade (die Limonaden)
15. die Ameise (die Ameisen)
16. der König (die Könige)
17. der Schwimmer (die Schwimmer)
18. *Rücke vor auf Feld 22!*
19. die Hummel (die Hummeln)
20. der Stamm (die Stämme)
21. die Trommel (die Trommeln)
22. der Brunnen (die Brunnen)
23. der Radiergummi (die Radiergummis)
24. der Hammer (die Hämmer)
25. das Kamel (die Kamele)
26. die Lampe (die Lampen)
27. die Pfanne (die Pfannen)
28. der Kamm (die Kämme)
29. der Strumpf (die Strümpfe)
30. der Füller (die Füller)
31. das Geld (die Gelder)
32. der Roller (die Roller)
33. die Wolle
34. die Schwalbe (die Schwalben)
35. der Luftballon
    (die Luftballons/auch: die Luftballone)
36. das Telefon (die Telefone)
37. das Bild (die Bilder)
38. die Brille (die Brillen)
39. der Würfel (die Würfel)
40. *Gehe zurück auf Feld 36!*
41. das Fell (die Felle)
42. die Bürste (die Bürsten)
43. die Schubkarre[1] (die Schubkarren)
44. der Fallschirm (die Fallschirme)
45. der Stern (die Sterne)
46. *Rücke vor auf Feld 50!*
47. der Pilz (die Pilze)
48. der Teller (die Teller)
49. der Turm (die Türme)
50. der Gürtel (die Gürtel)
51. die Birne (die Birnen)
52. das Geschirr (die Geschirre)
53. die Wurst (die Würste)
54. der Zirkus (die Zirkusse)
55. die Kerze (die Kerzen)
56. die Gitarre (die Gitarren)
57. die Torte (die Torten)
58. der Wurm (die Würmer)

[1] Auch: Schubkarren, Schiebkarren oder Schiebkarre

© Persen Verlag

Wörter mit aa, ah, a, ee, eh, e, oo, oh oder o

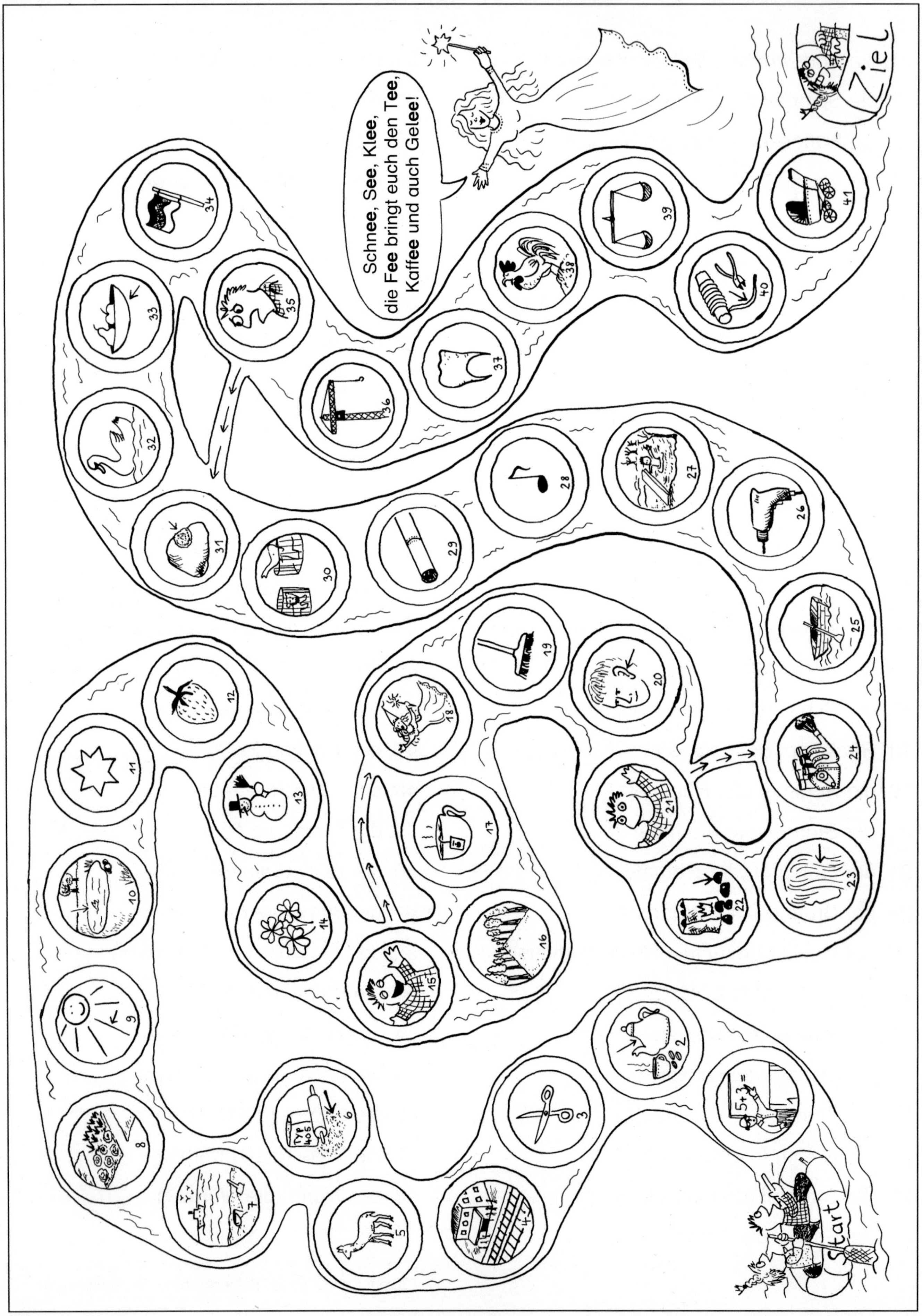

Ziel

Schnee, See, Klee,
die **Fee** bringt euch den Tee,
Kaffee und auch Gelee!

Start

© Persen Verlag

Wörter mit aa, ah, a, ee, eh, e, oo, oh oder o

1. der Lehrer (die Lehrer)
2. die Kaffeekanne (die Kaffeekannen)
3. die Schere (die Scheren)
4. der Bahnhof (die Bahnhöfe)
5. das Reh (die Rehe)
6. das Mehl
7. das Meer (die Meere)
8. das Beet (die Beete)
9. der Sonnenstrahl (die Sonnenstrahlen)
10. der See (die Seen)
11. der Stern (die Sterne)
12. die Erdbeere (die Erdbeeren)
13. der Schneemann (die Schneemänner)
14. der Klee
15. *Rücke vor auf Feld 18!*
16. die Allee (die Alleen)
17. der Tee
18. die Fee (die Feen)
19. der Besen (die Besen)
20. das Ohr (die Ohren)
21. *Rücke vor auf Feld 24!*
22. die Kohle (die Kohlen)
23. das Haar (die Haare)
24. der Motor (die Motoren)
25. das Boot (die Boote)
26. die Bohrmaschine (die Bohrmaschinen) oder der Bohrer (die Bohrer)
27. das Moor (die Moore)
28. die Note (die Noten)
29. das Rohr (die Rohre)
30. der Zoo (die Zoos)
31. das Moos (die Moose)
32. der Schwan (die Schwäne)
33. die Schale (die Schalen)
34. die Fahne (die Fahnen)
35. *Gehe zurück auf Feld 31!*
36. der Kran (die Kräne)
37. der Zahn (die Zähne)
38. der Hahn (die Hähne)
39. die Waage (die Waagen)
40. der Draht (die Drähte)
41. der Kinderwagen (die Kinderwagen/ südd. auch die Kinderwägen)

© Persen Verlag

Wörter mit z oder tz, k oder ck

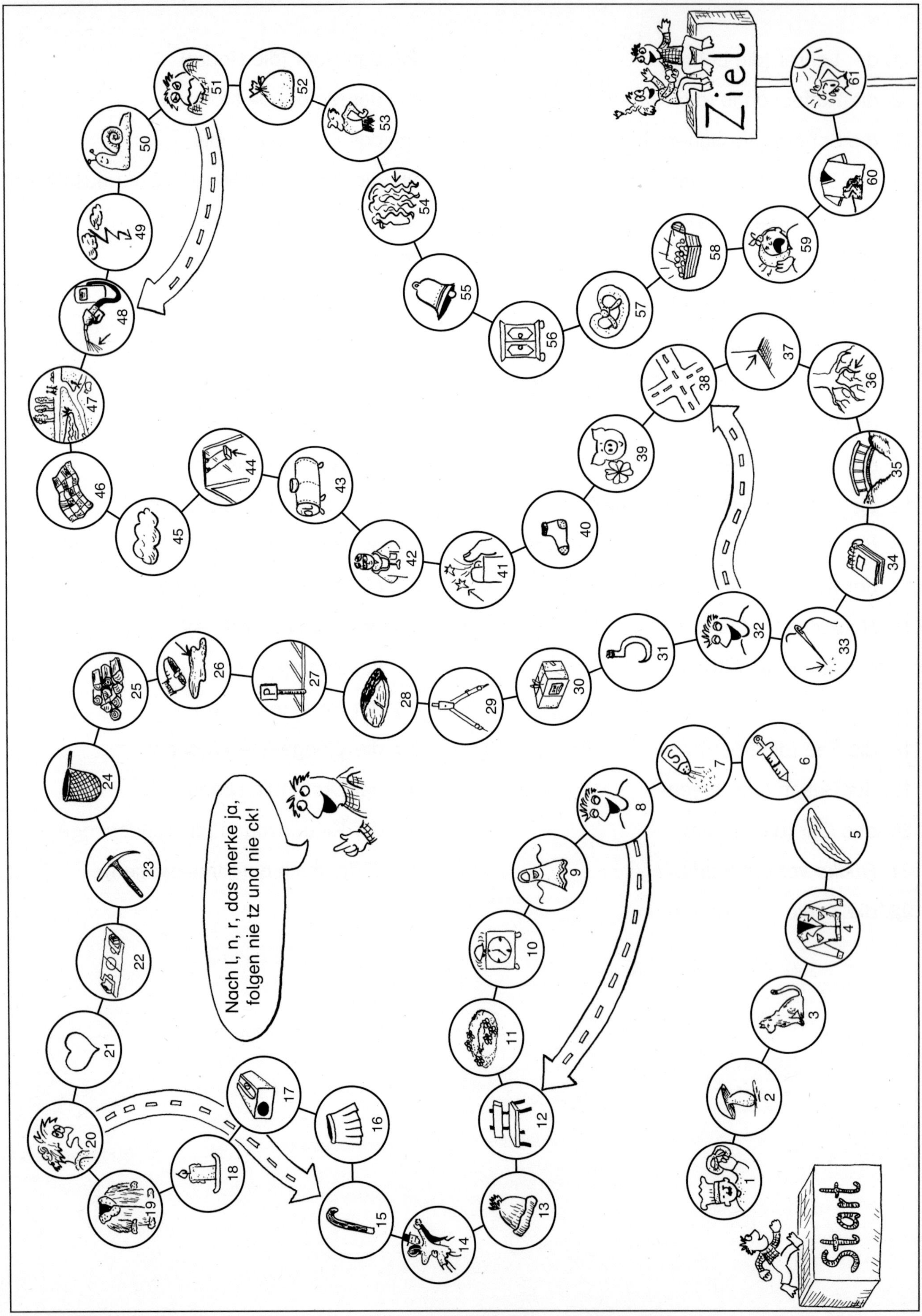

Ziel

Nach l, n, r, das merke ja,
folgen nie tz und nie ck!

Start

© Persen Verlag

Wörter mit z oder tz, k oder ck

1. der Bäcker (die Bäcker)
2. der Pilz (die Pilze)
3. die Katze (die Katzen)
4. die Jacke (die Jacken)
5. die Gurke (die Gurken)
6. die Spritze (die Spritzen)
7. das Salz (die Salze)
8. *Rücke vor auf Feld 12!*
9. die Schürze (die Schürzen)
10. der Wecker (die Wecker)
11. der Kranz (die Kränze)
12. die Bank (die Bänke)
13. die Mütze (die Mützen)
14. der Tanz (die Tänze)
15. der Stock (die Stöcke)
16. der Rock (die Röcke)
17. der Spitzer (die Spitzer)
18. die Kerze (die Kerzen)
19. der Pelzmantel (die Pelzmäntel)
20. *Gehe zurück auf Feld 15!*
21. das Herz (die Herzen)
22. der Fußballplatz (die Fußballplätze)
23. die Hacke (die Hacken),
    der Pickel (die Pickel)
24. das Netz (die Netze)
25. das Holz (die Hölzer) oder
    der Holzstamm (die Holzstämme)
26. die Pfütze (die Pfützen)
27. der Parkplatz (die Parkplätze)
28. der Schinken, der Speck
29. der Zirkel (die Zirkel)
30. das Paket (die Pakete)
31. der Haken (die Haken)
32. *Gehe vor auf Feld 38!*
33. die Nadelspitze (die Nadelspitzen)
34. der Block (die Blöcke)
35. die Brücke (die Brücken)
36. die Wurzel (die Wurzeln)
37. die Ecke (die Ecken)
38. die Kreuzung (die Kreuzungen)
39. das Glück
40. die Socke (die Socken)
41. der Funke (die Funken)
42. der Arzt (die Ärzte)
43. der Tank (die Tanks)
44. die Schaukel (die Schaukeln)
45. die Wolke (die Wolken)
46. die Decke (die Decken)
47. der Park (die Parks)
48. das Benzin
49. der Blitz (die Blitze)
50. die Schnecke (die Schnecken)
51. *Gehe zurück auf Feld 48!*
52. der Sack (die Säcke)
53. der Stolz
54. die Locke (die Locken)
55. die Glocke (die Glocken)
56. der Schrank (die Schränke)
57. die Brezel (die Brezeln)
58. der Schatz (die Schätze)
59. der Schmerz (die Schmerzen)
60. der Schmutz
61. die Hitze

Adjektive (Wiewörter)

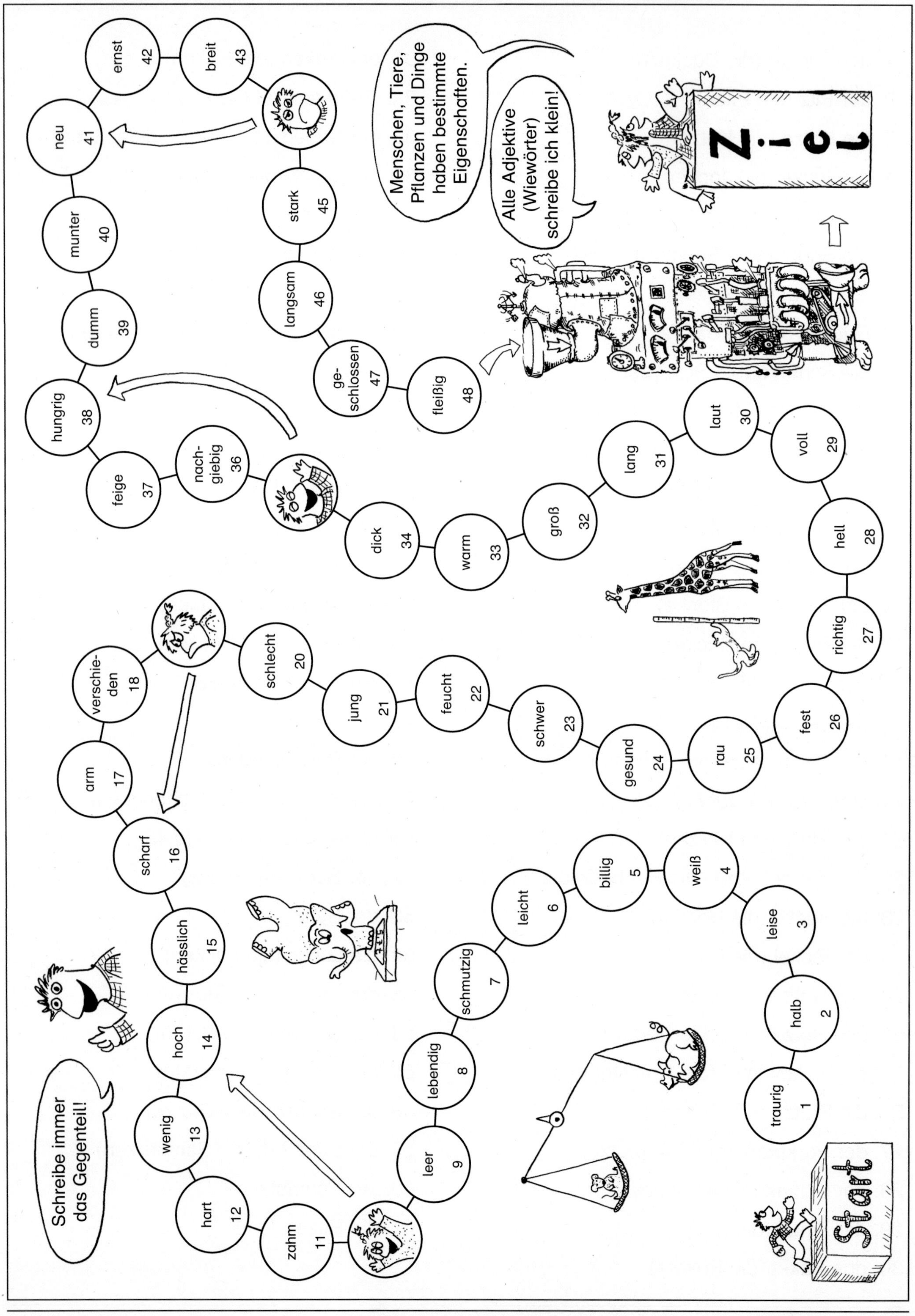

Schreibe immer das Gegenteil!

Menschen, Tiere, Pflanzen und Dinge haben bestimmte Eigenschaften.

Alle Adjektive (Wiewörter) schreibe ich klein!

Start

traurig 1
halb 2
leise 3
weiß 4
billig 5
leicht 6
schmutzig 7
lebendig 8
leer 9
zahm 11
hart 12
wenig 13
hoch 14
hässlich 15
scharf 16
arm 17
verschie-den 18
schlecht 20
jung 21
feucht 22
schwer 23
gesund 24
rau 25
fest 26
richtig 27
hell 28
voll 29
laut 30
lang 31
groß 32
warm 33
dick 34
nach-giebig 36
feige 37
hungrig 38
dumm 39
munter 40
neu 41
ernst 42
breit 43
stark 45
langsam 46
ge-schlossen 47
fleißig 48

Ziel

© Persen Verlag

Adjektive (Wiewörter)

1. fröhlich – traurig
2. ganz – halb
3. laut – leise
4. schwarz – weiß
5. teuer – billig
6. schwer – leicht
7. sauber – schmutzig
8. tot – lebendig
9. voll – leer
10. *Rücke vor auf Feld 14!*
11. wild – zahm
12. weich – hart
13. viel – wenig
14. tief – hoch
15. schön – hässlich
16. stumpf – scharf
17. reich – arm
18. gleich – verschieden
19. *Gehe zurück auf Feld 16!*
20. gut – schlecht
21. alt – jung
22. trocken – feucht
23. leicht – schwer
24. krank – gesund
25. fein – rau
26. locker – fest
27. falsch – richtig
28. dunkel – hell
29. leer – voll
30. laut – leise
31. kurz – lang
32. klein – groß
33. kalt – warm
34. dünn – dick
35. *Rücke vor auf Feld 38!*
36. stur – nachgiebig
37. mutig – feige
38. satt – hungrig
39. klug/gescheit – dumm
40. müde – munter
41. alt – neu
42. lustig – ernst
43. schmal – breit
44. *Gehe zurück auf Feld 41!*
45. schwach – stark
46. schnell – langsam
47. offen – geschlossen
48. faul – fleißig

© Persen Verlag

Verben (Tunwörter)

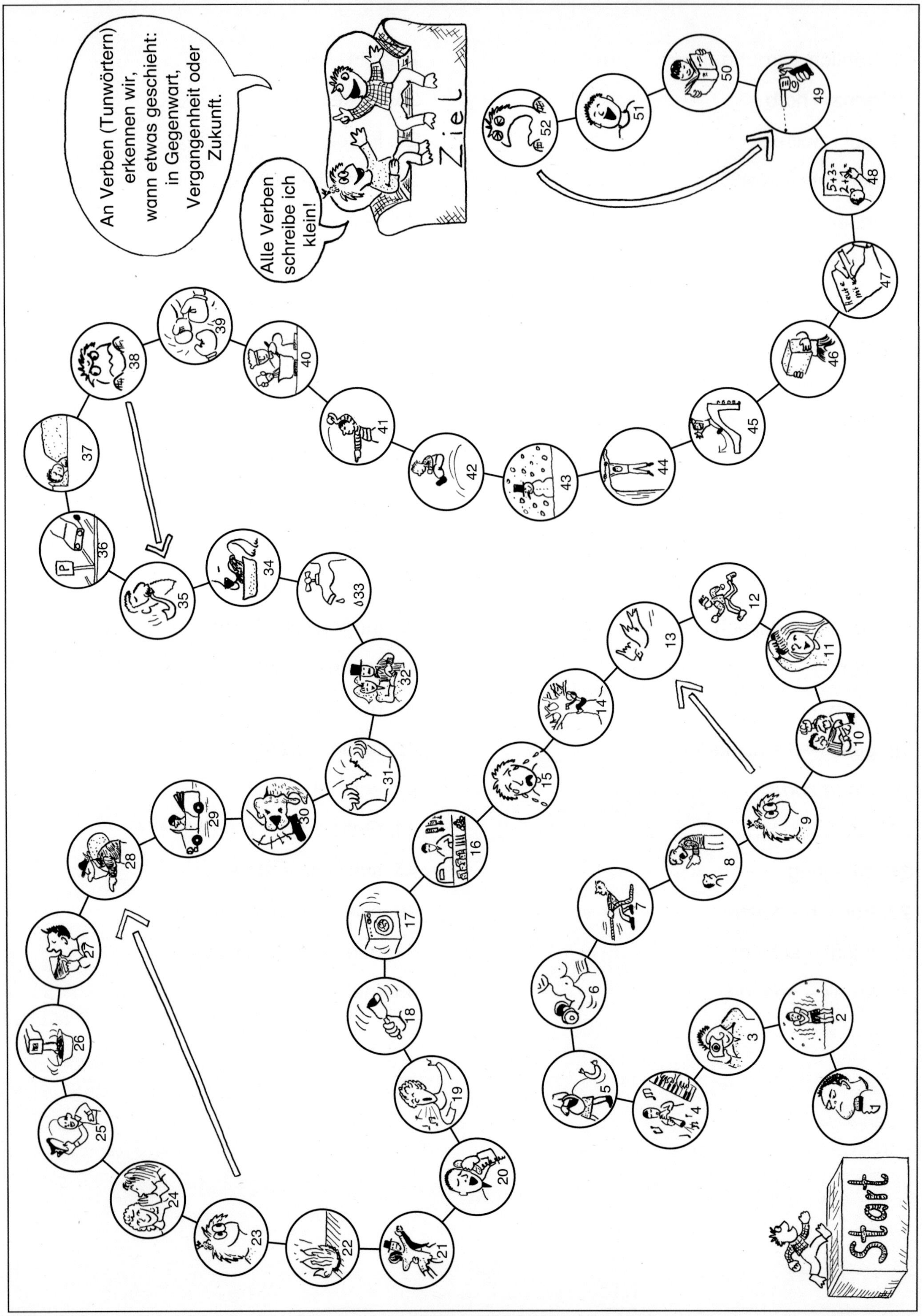

An Verben (Tunwörtern) erkennen wir, wann etwas geschieht: in Gegenwart, Vergangenheit oder Zukunft.

Alle Verben schreibe ich klein!

Ziel

Start

© Persen Verlag

Verben (Tunwörter)

1. sich rasieren (er rasierte sich)
2. frieren (sie fror)
3. fotografieren (er fotografierte)
4. musizieren (sie musizierte)
5. verlieren (sie verlor)
6. trainieren (er trainierte)
7. ziehen (er zog)
8. ermahnen (er ermahnte), schimpfen (er schimpfte)
9. *Rücke vor auf Feld 13!*
10. raufen (sie rauften), kämpfen (sie kämpften)
11. sich kämmen (sie kämmte sich)
12. laufen (er lief), rennen (er rannte)
13. fliegen (er flog)
14. klettern (er kletterte)
15. weinen (er weinte), heulen (er heulte)
16. verkaufen (sie verkaufte)
17. waschen (er wusch)
18. läuten (er läutete)
19. singen (sie sang)
20. telefonieren (er telefonierte)
21. tanzen (sie tanzten)
22. brennen (es brannte)
23. *Rücke vor auf Feld 28!*
24. flüstern (sie flüsterte)
25. grüßen (er grüßte)
26. mixen (er mixte)
27. trinken (er trank)
28. rauben (er raubte)
29. fahren (er fuhr)
30. beißen (er biss)
31. zerreißen (er zerriss)
32. heiraten (sie heirateten)
33. tropfen (er tropfte)
34. fressen (er fraß)
35. rauchen (er rauchte)
36. parken (er parkte)
37. schlafen (er schlief)
38. *Gehe zurück auf Feld 35!*
39. boxen (sie boxten)
40. kochen (er kochte)
41. werfen (er warf)
42. springen (er sprang)
43. schneien (es schneite)
44. hängen (er hing)
45. rutschen (er rutschte)
46. tragen (er trug)
47. schreiben (er schrieb)
48. rechnen (er rechnete)
49. schießen (er schoss)
50. lesen (er las)
51. lachen (er lachte)
52. *Gehe zurück auf Feld 49!*

© Persen Verlag

Wortschatz

A

Aal (der) 31, 35, 37
Abfalltonne (die) 11, 18, 19, 20
Affenzahn (der) 18
Allee (die) 32
Ameise (die) 39
Ampel (die) 9, 12, 14
Angel (die) 19, 20
Apfel (der) 9, 10, 38
Apfelsine (die) 34
Armee (die) 32
Arzt (der) 23, 26, 28, 41
Ärztin (die) 24
Ast (der) 11
Auge (das) 18, 27, 42
Autositz (der) 21, 27, 28

B

Bäcker (der) 22, 27
Badewanne (die) 16, 18, 20, 40
Badezimmer (das) 15, 20
Bahn (die) 17, 40
Balken (der) 23
Balkon (der) 28
Ball (der) 8, 35, 38
Bank (die) 23, 26, 27, 28, 41, 42, 43
Bär (der) 11
Baum (der) 15, 35, 39
Beere (die) 32
Beet (das) 32, 37
Benzin (das) 30
Bett (das) 19, 37
Bild (das) 9, 10, 11, 12, 38
Birne (die) 40
Bleistift (der) 27, 34
Blindenhund (der) 17
Blitz (der) 18, 21, 24, 25, 26, 28, 41
Blume (die) 10, 15, 35, 36, 38, 39
Bonsai (der) 33, 35, 44
Boot (das) 31, 36
Boxer (der) 29, 42, 43
Brief (der) 36
Brille (die) 8, 9, 10, 11, 12, 19, 38
Brücke (die) 22, 30, 43
Brunnen (der) 40

C

Cent (der) 17
Computer (der) 30
cool 31

D

Dach (das) 11
Dachrinne (die) 18
Daumen (der) 15, 39
Decke (die) 26, 30, 41, 43
Deckel (der) 41
Degen (der) 43
Delfin (der) 34
Donner (der) 16, 17, 18
donnern 20
Dreck (der) 22
Dromedar (das) 15
Durst (der) 25

E

Ecke (die) 28, 29
Ei (das) 18
Eidechse (die) 26
Eis (das) 30
Eisbär (der) 35, 36, 37
Eisenbahn (die) 17
Ente (die) 18
Erdbeere (die) 37
Eule (die) 9, 11, 12

F

Fahne (die) 17, 18, 40
fair 33
Fallschirm (der) 12
Familie (die) 11
Fax (das) 29, 42, 43
Feder (die) 19, 44
Fee (die) 32, 35, 36, 37, 44
Fell (das) 8, 11, 19, 38
Felsen (der) 12
Fenster (das) 18, 40
Fest (das) 11, 19
Fisch (der) 35, 36
Flamme (die) 13
Fleck (der) 22, 28, 30
Fleisch (das) 19
Fliege (die) 11
Fluss (der) 10
Forelle (die) 10, 11, 12
Frau (die) 30
Freude (die) 26
Frosch (der) 36, 37
Füller (der) 8, 9, 10, 38
Funke (der) 41
Fußball (der) 9, 11, 12, 15
Fußballplatz (der) 21, 28

G

Gabel (die) 10, 11, 12, 38
Gans (die) 18, 19, 20, 40
Garten (der) 37
Geld (das) 12
Gelee (das, *auch* der) 32, 37
Gelenk (das) 26
Geschenk (das) 23, 26
Gießkanne (die) 17
Glocke (die) 22, 26, 27, 28, 30
Glück (das) 26, 27, 29, 36, 43
Grille (die) 10, 12, 38
Gurke (die) 41

F. Plötz/R. Plötz/T. Schnagl: Kreuz und quer durch den Grundwortschatz – Band 1
© Persen Verlag

H

Haar (das) 15, 26, 31, 35, 36, 36, 37, 44
Hacke (die) 22
Hahn (der) 18, 19, 20, 25, 40
Hai (der) 33, 35, 36, 37, 44
Haken (der) 19, 27, 28, 29, 42
Hammer (der) 13, 15, 39
Hand (die) 18, 19, 20, 40
Handy (das) 17
Haus (das) 25
Hausnummer (die) 39
Hecke (die) 22
Heer (das) 32
Heimtrainer (der) 33
Heizung (die) 24, 25
Hemd (das) 14, 15, 39
Henne (die) 10
Herz (das) 23, 24, 25, 26, 27, 41
Hexe (die) 29, 42
Himmel (der) 13, 19, 20
Hitze (die) 24, 26, 41
Hochzeitspaar (das) 35
Holz (das) 23, 24, 25, 27
Hose (die) 44
Huhn (das) 18, 19, 20
Hund (der) 18, 20, 25, 40

I

Idee (die) 32, 37
Igel (der) 11, 12, 34, 42
Insel (die) 11, 18, 20, 25, 40

J

Jacke (die) 26, 29, 41
Jäckchen (das) 30
Jäger (der) 30, 43
Jahr (das) 10
Jammer (der) 15
Junge (der) 15, 30

K

Kabine (die) 34
Kaffee (der) 32, 35, 36, 37, 44
Kaffeekanne (die) 18, 36
Kahn (der) 17, 18, 20, 40
Kai (der) 33
Kaiser (der) 23, 35, 37, 44
Kälte (die) 26
Kamm (der) 13, 14, 15, 39
Kanne (die) 19, 36
Katze (die) 21, 25, 27, 28, 41, 42
Kaugummi (der, *auch* das) 13, 20
Keller (der) 9, 10, 38
Kerze (die) 26, 28, 41, 42
Kilo (das) 34
Kind (das) 18, 27
Kinderwagen (der) 26
Kinderzimmer (das) 39
Kirchturm (der) 30
Kissen (das) 37
Klee (der) 32, 35, 37, 44
Kleid (das) 27, 28, 44
Klopapier (das) 10
Knochen (der) 17, 18
Knödel (der) 10
Knopf (der) 17, 18, 30
Koch (der) 27
Kompass (der) 14
König (der) 15
Kopf (der) 18, 25, 30, 43
Krake (die) 29
Kranz (der) 24, 26
Kratzer (der) 21
Kreuzung (die) 25
Krokodil (das) 42
Krone (die) 15, 40
Kuh (die) 35

L

Laib (der) 33, 37
Laich (der) 33, 35, 36, 37, 44
Lamm (das) 13, 15, 19, 20, 39
Lampe (die) 14, 39
Lampenschirm (der) 15
Lärm (der) 14
Lastwagen (der) 42
Lawine (die) 34
leer 32
Lexikon (das) 29, 30, 42, 43
Limonade (die) 39
Liter (der) 34
Locke (die) 30, 43
Lücke (die) 30
Luftballon (der) 9, 12, 38

M

Mädchen (das) 10, 26, 30
Magnet (der) 42
Mai (der) 33
Main (der) 33
Mais (der) 33, 35, 36, 37, 44
Maler (der) 9, 10, 12, 38
Mandarine (die) 15, 34
Mann (der) 30
Mantel (der) 15, 18, 35, 40
Margarine (die) 34
Marine (die) 34
Marke (die) 23
Markt (der) 23
Maschine (die) 34
Mauer (die) 39
Maus (die) 30
Mausefalle (die) 8, 12
Meer (das) 32, 35, 36, 37, 44
Metzger (der) 24, 25
Mine (die) 34
Mixer (der) 29, 42
Moor (das) 31, 35, 37, 44
Moos (das) 31, 36, 37, 44
Morgen (der) 25
Moschee (die) 32
Motorroller (der) 9, 11, 12
Mücke (die) 22, 28
Müll (der) 8
Müller (der) 8, 10, 12, 38
Mülltonne (die) 16
Mund (der) 20, 25
Mutter (die) 35
Mütze (die) 21, 24, 25, 26, 28, 41

© Persen Verlag

N

Nadel (die) 25
Nagel (der) 42
Nase (die) 10
Netz (das) 19, 21, 24, 28
Nikolaus (der) 30
Nummer (die) 13

O

Omnibus (der) 14, 39
Onkel (der) 28
Orgel (die) 43

P

Paar (das) 31, 37
Päckchen (das) 29, 30, 42
Paket (das) 29, 41, 42
Palme (die) 15, 39
Parkplatz (der) 41
Parkuhr (die) 23
Pelz (der) 24
Pfanne (die) 16, 18, 20, 40
Pfeffer (der) 25
Pfeilspitze (die) 21, 27
Pferd (das) 11, 36, 37
Pfütze (die) 21, 25, 26, 28
Pilz (der) 9, 10, 11, 23, 27, 28, 38
Pinsel (der) 17, 18, 20, 40
Pizza (die) 27
Plätzchen (das) 34
Polizist (der) 9, 10, 12, 24, 25
Polster (das) 36, 37
Pommes (die) 13, 20
Pool (der) 31
Praline (die) 34
Propeller (der) 8
Pullover (der) 8, 10, 11, 12, 38
Puppe (die) 30

Q

Quelle (die) 8, 9, 10, 12

R

Rakete (die) 43
Regen (der) 25, 26, 27, 30, 43
Reh (das) 35, 37
Reis (der) 35, 37, 44
Reitstall (der) 12
Rock (der) 29, 30, 43
Rolle (die) 10
Roller (der) 8, 10
Rosine (die) 34
Rücken (der) 22
Ruine (die) 34

S

Saal (der) 31, 37
Sack (der) 29, 30, 42, 43
Saite (die) 33
Salat (der) 10, 11, 12, 38
Salz (das) 12, 23, 24, 25
Sardine (die) 34
Schaf (das) 15
Schal (der) 35, 44
Schatz (der) 21, 25
Schaum (der) 39
Schi (der) 34
Schild (das) 10, 38
Schirm (der) 39
Schlange (die) 11
Schleife (die) 35, 36
Schmerz (der) 23, 25, 26, 28, 41
Schmuck (der) 29, 42, 43
Schmutz (der) 21
Schnabel (der) 10
Schnecke (die) 22, 27, 28, 30, 41, 42, 43
Schnee (der) 25, 26, 30, 32, 35
Schneemann (der) 16, 17, 19, 40
Schrank (der) 26, 30, 42, 43
Schrecken (der) 30
Schreibmaschine (die) 14, 15
Schuh (der) 19
Schüler (der) 10
Schürze (die) 23, 24, 26, 27, 28, 41
Schwalbe (die) 12
Schwamm (der) 13, 15, 19
Schwan (der) 18, 20, 44
Schwanz (der) 28
schwimmen 20
Schwimmer (der) 13, 14, 15, 39
See (der) 32, 35, 36, 37
Segel (das) 36, 43, 44
Segelboot (das) 35, 37
Silo (das, *auch* der) 34
Socke (die) 26
Sohn (der) 17, 18, 20, 40
Sommer (der) 13, 19, 20
Sonne (die) 17, 18, 19, 20
Sonnenblume (die) 16
Sonntag (der) 16
Spatz (der) 25
Speer (der) 32, 35, 36
Spiegel (der) 11, 29, 42
Spinne (die) 16, 18, 19, 40
Spitze (die) 25, 36
Spitzer (der) 21, 25, 27, 41
springen 20
Spritze (die) 24, 25, 28, 36, 41
spritzen 28
Staat (der) 31
Stall (der) 8, 11, 19
Stamm (der) 14, 15
Stock (der) 22, 30
Stolz (der) 25
Straße (die) 36
Sturm (der) 14, 15, 20, 39
Suppe (die) 36
Swimmingpool (der) 37

T

Tafel (die) 15, 19
Tank (der) 30
Tanne (die) 16, 18, 20
Tanz (der) 26, 41
Tasse (die) 36
Tatze (die) 21
Taxi (das) 29, 30, 42, 43
Tee (der) 19, 32, 35, 36, 37, 44

F. Plötz/R. Plötz/T. Schnagl: Kreuz und quer durch den Grundwortschatz – Band 1
© Persen Verlag

U

V

W

Z

© Persen Verlag

Die Neuregelung der deutschen Rechtschreibung

(verbindlich ab August 2006)

Kommaregeln

Vor „und“ zwischen Hauptsätzen wird kein Komma gesetzt
Löwen brüllten und Hunde bellten.

Vor „begleitetem Infinitiv mit zu“ kann ein Komma stehen
Uwe versprach(,) fleißig zu sein.

Komma wie bisher
- Er kam nicht in die Schule, weil er krank war. *(Hauptsatz und Nebensatz)*
- Weil er krank war, kam er nicht in die Schule. *(Nebensatz und Hauptsatz)*
- Mein Freund fuhr an die Nordsee, ich reise in die Alpen. *(Gleichrangige Sätze)*
- Mein Freund, ein begeisterter Briefmarkensammler, kommt heute. *(Einschub)*
- Er fährt gern in die Berge, besonders im Winter. *(Nachtrag)*
- Hallo, was ist denn hier los? *(Ausruf)*

ß oder ss?

Statt „ß“ nach kurzem Selbstlaut „ss“

ss der Ri**ss**, das Schlo**ss**, der Flu**ss**, die Nu**ss**,
der Ku**ss**, ein bi**ss**chen, er mu**ss**, da**ss** ...

Nach langem Selbstlaut und nach einem Doppellaut (z. B. ei, au) bleibt das „ß“ weil es stimmlos gesprochen wird.

ß der Fu**ß**, der Gru**ß**, der Spa**ß**, die Mu**ß**e, wei**ß**, hei**ß**,
flei**ß**ig, drau**ß**en, bei**ß**en schmei**ß**en, hei**ß**en ...

Zusammengesetzte Wörter

Drei Konsonanten (Mitlaute)
Sti**lll**egung, Schi**fff**ahrt oder Sti**ll-L**egung, Schi**ff-F**ahrt
aber: de**nn**och, Dri**tt**el, Mi**tt**ag

Zwei Konsonanten
Ro**hh**eit (zu roh), Zä**hh**eit (zu zäh), Vo**rr**at

Zwei Möglichkeiten: selb**st**ändig oder selb**stst**ändig

F. Plötz/R. Plötz/T. Schnagl: Kreuz und quer durch den Grundwortschatz – Band 1
© Persen Verlag

Analogiebildung

- die Nu**mm**er – nu**mm**erieren
- die H**a**nd – beh**ä**nde, die G**a**ms – die G**ä**mse, der Übersch**wa**ng – übersch**wä**nglich, die St**a**nge – der St**ä**ngel, das L**a**mm – bel**ä**mmert
- bl**au** – verbl**äu**en, die Schn**au**ze – schn**äu**zen
- der Pla**tz** – pla**tz**ieren
- **rau** wie gr**au**, aber weiterhin: r**oh**, j**äh**, z**äh**

Zwei Möglichkeiten
- der Aufw**a**nd – aufw**ä**ndig oder aufw**e**nden – aufwendig

Zusammen oder getrennt?

Groß und auseinander
- Rad fahren, Teppich klopfen
- In Bezug auf, mit Bezug auf
- jemandem Angst und Bange machen, jemandem Schuld geben
- heute Mittag, gestern Abend

Groß und zusammen: am Sonntagabend

Klein und zusammen: sonntagabends

Klein und auseinander: so viele, wie viele, sitzen bleiben

Groß- und Kleinschreibung

Großschreibung besonders nach der, die, das, am, beim, zum, im, alles usw.
- der, die, das **L**etzte, **B**este, **N**ächste
- den **K**ürzeren ziehen, auf dem **T**rockenen sitzen
- alles **Ü**brige
- im **A**llgemeinen, im **G**roßen und **G**anzen, nicht im **G**eringsten, in **B**ezug auf
- bei **G**rün, auf **D**eutsch
- **J**ung und **A**lt, **G**roß und **K**lein, **A**rm und **R**eich

Die Anrede

Kleinschreibung
du, **d**ein, **d**ir, **e**uch, **i**hr ...
aber: das **D**u anbieten

Höflichkeitsanrede weiterhin groß
Sie, **I**hnen ...

Wörtliche Rede

- Ich sage: **„**Geh bitte nach Hause!**"** *(Wörtliche Rede in Anführungszeichen)*
- „Kommst du heute?"**,** fragte er. *(Komma auch nach Fragezeichen und Ausrufezeichen)*
- „Hallo Freunde!"**,** rief er**,** „kommt doch her!" *(Einschub in Kommas)*

Zwei Schreibweisen möglich

- die Orthogra**ph**ie/Orthogra**f**ie, der Del**ph**in/Del**f**in
- der/das Ket**sch**up/Ket**ch**up
- Spa**gh**etti/Spa**g**etti, der Jo**gh**urt/Jo**g**urt, der **Th**unfisch/**T**unfisch, der Kata**rrh**/Kata**rr**
- das Portmo**nee**/Portemo**nnaie**, das Varie**tee**/Varie**té**
- **D**utzende/**d**utzende von Augenzeugen
- auf Nummer **S**icher/**s**icher gehen

Schreibweise wie bisher

- der L**ai**b Brot, L**ei**b und Seele
- die Gitarrens**ai**te, die Buchs**ei**te
- die L**ä**rche (Baum), die L**e**rche (Vogel)
- Verzei**h**ung, Prophezeiung

wieder (= noch mal)
wiederbringen, wiederbekommen, wiederholen

wider (= gegen)
erwidern, widersprechen, widerspiegeln, der Widerstand

aa: die W**aa**ge, das P**aa**r, der S**aa**l, der St**aa**t, die S**aa**t, der **Aa**l
ai: der K**ai**ser, der M**ai**s, der H**ai**, der K**ai**, der M**ai**, der L**ai**ch, er ist f**ai**r, det**ai**lliert
ee: der Schn**ee**, der S**ee**, der Kl**ee**, der T**ee**, der Kaff**ee**, der Gel**ee**, die B**ee**ren, die Id**ee**, die All**ee**, l**ee**r, die S**ee**le
oo: der Z**oo**, das B**oo**t, das M**oo**r, das M**oo**s, d**oo**f
-ine: die Masch**ine**, die Law**ine**, die Viol**ine**, die Bleistiftm**ine**, die Kab**ine**, die Mandar**ine**, die Mar**ine**, die Pral**ine**, die Ros**ine**, die Sard**ine**

© Persen Verlag

Wichtige Begriffe der Grammatik

Laute

Vokal (Selbstlaut) *a, e, i, o, u*
Diphthong (Doppellaut) *ei, (ai), eu, au*
Umlaut *ä, ö, ü, äu*

Konsonant (Mitlaut) *b, c, d, f, g, h, j, k, l, m, n, p, q, r, s, t, v, w, x, y, z*

Wortarten

Nomen (Namenwort, Substantiv, Hauptwort) *Stein, Hund, Tapferkeit ...*
Verb (Tunwort, Tätigkeitswort, Zeitwort) *geben, rennen, kommen ...*
Adjektiv (Wiewort, Eigenschaftswort) *klein, blau, schmutzig ...*
Infinitiv (Grundform des Verbs) *laufen, spielen, rechnen ...*
Artikel (Begleiter, Geschlechtswort) *der, die, das, ein, eine, dem ...*
Pronomen (Fürwort) *ich, er; dein, sein; dieser, jener ...*
Konjunktion (Bindewort) *und, oder, weil, obwohl, dass ...*
Präposition (Verhältniswort) *hinter, bei, mit, auf, in, über ...*
Adverb (Umstandswort) *heute, vielleicht, links, sehr, erst ...*
Numerale (Zahladjektiv) *zwei, siebtel; wenige, andere ...*

Kasus	**Singular** (Einzahl)	**Plural** (Mehrzahl)
1. Fall: **Nominativ** (Werfall)	*das Haus*	*die Häuser*
2. Fall: **Genitiv** (Wes-/Wessenfall)	*des Hauses*	*der Häuser*
3. Fall: **Dativ** (Wemfall)	*dem Haus*	*den Häusern*
4. Fall: **Akkusativ** (Wenfall)	*das Haus*	*die Häuser*

Zeitstufen		
Präsens	Gegenwart	*ich gehe*
Präteritum/Imperfekt	1. Vergangenheit	*ich ging*
Perfekt	2. Vergangenheit (Vollendete Gegenwart)	*Ich bin gegangen*
Plusquamperfekt	3. Vergangenheit (Vollendete Vergangenheit)	*Ich war gegangen*
Futur I	Zukunft I	*Ich werde gehen*
Futur II	Zukunft II	*Ich werde gegangen sein*

Satzteile

Der Junge	*liest*	*ein Buch.*
Subjekt	**Prädikat**	**Objekt**
(Satzgegenstand)	(Satzaussage)	(Satzergänzung)

Passiv und Aktiv

Aktiv (Tatform): *Ich spreche dich an.* **Passiv** (Leideform): *Ich werde von dir angesprochen.*

© Persen Verlag

Lösungen

Seite 8

Wörter mit ll

kurz? Ich schlage mit der Faust in die Hand!

Aha! Brille, kurzes i, Schärfung (ll).

Eine Menge Reimwörter

die Rille	die Delle	der Teller
die Grille	die Schwelle	der Keller
die Brille	die Felle	der Propeller

Alle **Nomen** (Namenwörter) schreiben wir **groß**!
Sie haben einen **Artikel** (der, die, das, den, ein, eine, einen …).

❶ Suche mehrere Reimwörter zu: die Halle, der Ball, der Knüller, die Knolle, die Grille.
❷ Zu welchen Nomen passen diese Adjektive (Wiewörter): neu, alt, weich, riesig, kalt, fleißig, modern, warm, bunt, schmutzig? (Schreibe: *Wie ist die Wolle? Sie ist …)*

Seite 9

Wörter mit l oder ll

hier: ß = ß

Kurzer Selbstlaut!

Doppelter Mitlaut (ll)!

fallen	bellen	sollen	brüllen
knallen	prellen	rollen	knüllen
schallen	quellen	wollen	einhüllen
hallen	erhellen	grollen	füllen

Alle **Verben** (Tunwörter) schreiben wir **klein**!
Was **tun** wir? Wir **fallen**, wir **brüllen** …

❶ Suche mehrere Reimwörter zu: der Knüller, der Schall, der Teller, die Rille, die Delle.
❷ Schreibe auf, was die einzelnen Personen auf dem Bild oben tun. *(Der … trägt …)*

F. Plötz/R. Plötz/T. Schnagl: Kreuz und quer durch den Grundwortschatz – Band 1
© Persen Verlag

Lösungen

Seite 10

Ein ?	Wörter mit l oder ll

1. Der *Apfel* liegt im dunklen *Keller*,
der heiße *Knödel* auf dem *Teller*.
2. Der *Pullover* ist aus *Wolle*,
das *Klopapier* ist auf der *Rolle*.
3. Der *Schüler* zeichnet mit dem *Füller*
einen *Pilz* und auch Herrn *Müller*.
4. Auf der *Blume* sitzt die *Grille*,
auf der *Nase* sitzt die *Brille*.
5. Der *Polizist* zeigt uns das *Schild*,
der *Maler* zeigt uns stolz sein *Bild*.
6. Die *Henne* hält den *Wurm* im *Schnabel*,
Salat hält jeder mit der *Gabel*.
7. Jedes *Jahr* schwimmt die *Forelle*
den *Fluss* hinauf fast bis zur *Quelle*.
8. Auf dem *Roller* mit dem *Zelt*
fährt das *Mädchen* um die *Welt*.

❶ Ordne die Nomen (Namenwörter) mit Artikel (Begleiter) so:
Wörter mit ll – Wörter mit l – andere Wörter.
❷ Markiere im Text die Verben (Tunwörter) und schreibe z. B. so:
*Der Apfel liegt. Was **tut** er? Er **liegt**.*

Seite 11

Zusammengesetzte Nomen mit l oder ll

1. *das Zeltdach*
2. *das Inselfest*
3. *die Waldeule*
4. *der Fliegenpilz*
5. *der Wollpullover*
6. *der Salatteller*
7. *der Pferdestall*
8. *die Abfalltonne*
9. *der Motorroller*
10. *die Brillenschlange*
11. *der Forellenteich*
12. *der Fußball*
13. *die Igelfamilie*
14. *die Astgabel*
15. *das Spiegelbild*
16. *das Bärenfell*

❶ Schreibe so: das Zeltdach = das Zelt + das Dach
❷ Lass dir zu fünf zusammengesetzten Nomen (Namenwörtern) schöne Sätze einfallen.
❸ Zu welchen Namenwörtern passen diese Adjektive (Wiewörter):
schnell, hell, billig, still, wellig, knallig, wild, alt, falsch, dunkel, kalt, schmal, faul?

© Persen Verlag

Lösungen

Seite 12

Künstlerpech! Wörter mit l oder ll

Herr *Müller* verdiente sich als *Maler* sein *Geld*. Oft fuhr er auf seinem *Motorroller* in den *Wald*. Dort entstanden tolle *Bilder*. Im klaren *Quellwasser* ließ er *Forellen* über glitschige *Felsen* schwimmen. Eine hungrige *Eule* jagte *Grillen* und junge *Schwalben*. Ein *Igel* roch an einer alten *Mausefalle*. Hinter dunklen *Wolken* verschwanden ein *Luftballon* und ein *Fallschirm*. Als der Künstler fertig war, nahm er seine *Brille* ab, setzte sich auf seinen *Pullover* und packte eine *Gabel*, einen *Teller*, *Salz* und frischen *Salat* aus. Die *Welt* schien in Ordnung zu sein. Auf dem langen Heimweg freute er sich an jeder Kreuzung über die grüne *Welle*, fuhr am neuen *Reitstall (Pferdestall)* und an der *Turnhalle* vorbei und war in Gedanken schon beim *Fußball*. Plötzlich hielt ihn ein *Polizist* an. Hatte er vielleicht eine rote *Ampel* übersehen? Natürlich! Nun …

❶ Schreibe so: *Wörter mit l* | *Wörter mit ll*

❷ Unterstreiche die Adjektive (Wiewörter) und schreibe so: Die Bilder sind toll.

❸ Suche zu zehn Nomen (Namenwörtern) Reimwörter: der Maler – der Taler

Seite 13

	S		
C	O	O	L

Wörter mit mm

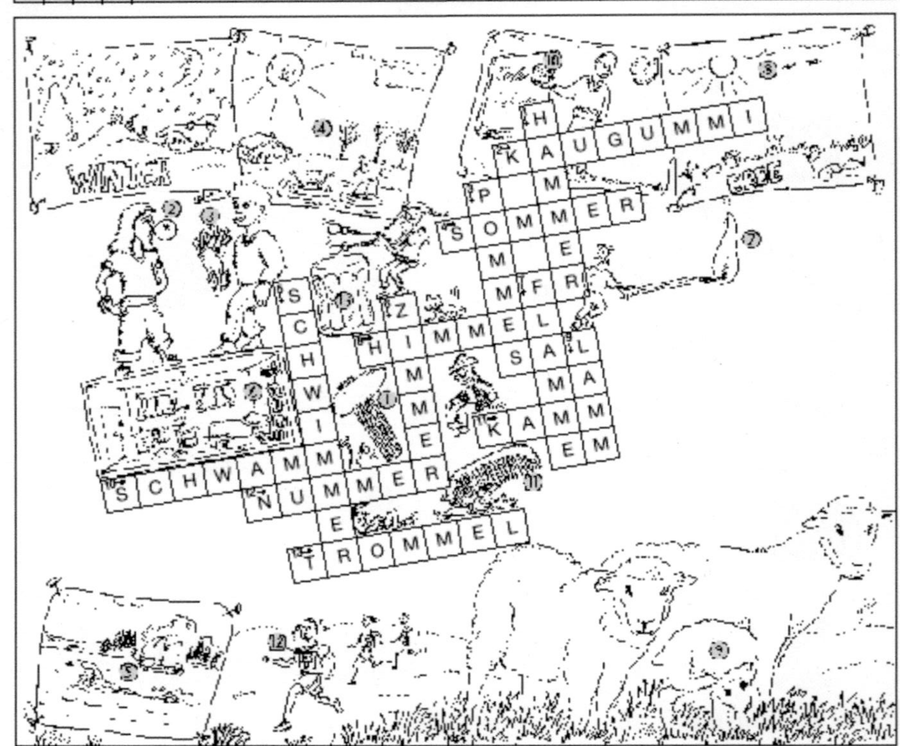

das La**mm**	das Zi**mmer**
der Schwa**mm**	der Schwi**mmer**
der Ka**mm**	der Schi**mmer**
der Sta**mm**	das Gewi**mmer**
das Progra**mm**	das Gefli**mmer**

Vor „**mm**" wird der **Vokal** (a, e, i, o, u) immer **kurz** gesprochen!

❶ Suche Reimwörter zu: der Jammer, der Schimmer, der Brummi, der Kummer, der Schlamm.

❷ Zu welchen Nomen (Namenwörtern) passen diese Adjektive (Wiewörter):
heiß, groß, lecker, zäh, schwer, blau, dick, nass, laut, niedlich, weich, schnell, wolkenlos?
Schreibe z. B. so: *Wie ist der Himmel? Er ist blau.*

© Persen Verlag

Lösungen

Seite 14

	S		
C	O	O	L

Wörter mit m oder mm

Kreuzworträtsel (Lösungswörter): 1 LÄRM, KAMM, KOMPASS, AMPEL, SCHREIBMASCHINE, SOTTMNM / STOMM, 9 STURM, 10 TURM, 11 SCHWIMMER, 12 TRAUM, 13 HEMD, WURMS / BWURMS

(kommen)

wimmern stammen stemmen
zimmern rammen schwemmen
flimmern verdammen klemmen

Kurzes o – Schärfung!

Alle **Verben** (Tunwörter) schreiben wir **klein**!
Was **tun** wir? Wir **schwimmen** ...

❶ Beschreibe zehn Bilder aus dem Rätsel jeweils mit einem Satz und unterstreiche die Verben.
❷ Zu welchen Nomen (Namenwörtern) findest du verwandte Verben? *(Der **Bau** – wir **bauen**)*

Seite 15

Ein ___?___

Wörter mit m oder mm

1. Stumm steht der *König* auf dem *Turm*,
die *Krone* fegt ihm weg der *Sturm*.
2. Jeder *Baum* hat einen *Stamm*,
für das *Haar* hast du den *Kamm*.
3. Der *Junge* ist ein guter *Schwimmer*,
übt mit dem *Wurm* im *Badezimmer*.
4. Ein kleines *Schaf*, das nennt man *Lamm*,
die *Tafel* wischt man mit dem *Schwamm*.
5. Als *Trommel* dient die *Schreibmaschine*,
als *Fußball* eine *Mandarine*.
6. Mein *Vater* schlägt sich mit dem *Hammer*
auf den *Daumen*, welch ein *Jammer*!
7. Das *Dromedar*, das braucht kein *Hemd*,
selbst ein *Mantel* ist ihm fremd.
8. *Palmen* und *Blumen* wachsen schnell,
ein *Lampenschirm*, der leuchtet hell.

❶ Ordne die Nomen (Namenwörter) mit Artikel (Begleiter) so:
Wörter mit mm – Wörter mit m – andere Wörter.
❷ Suche zu den Nomen passende Adjektive (Wiewörter) und schreibe z. B. so:
*der **stolze** König.*

Lösungen

Seite 16

S
COOL

Wörter mit nn

beginnen, gewinnen

Rennen, kennen, trennen, brennen
mit **nn** sollst du sie nennen!

rennen

Alle **Verben** (Tunwörter) schreiben wir **klein**!
Was **tun** wir? Wir **fallen**, wir **rennen** …

❶ Suche Reimwörter zu: der Hampelmann, die Gießkanne, die Abendsonne, die Rinne.
❷ Erzähle, was der Junge an den Wochentagen tut.
Was passiert auf den anderen Bildern zum Rätsel?

Seite 17

S
COOL

Wörter mit n, hn oder nn

hier: ß = ß

Bahn

Wörter mit **Dehnungs-h** merken wir uns mit **„Bildwörtern"**.

Kahn

Fahne

Zahn

Sohn

● Suche möglichst viele Nomen (Namenwörter) mit Artikel (Begleiter) und ordne sie so:
Wörter mit nn – Wörter mit hn – andere Wörter.

© Persen Verlag

Lösungen

Seite 18

Ein ___?___

Wörter mit n, hn oder nn

1. Hinter *Wolken* steht die *Sonne*, der *Sohn* steht vor der *Abfalltonne*.
2. Durch das *Fenster* kommt der *Wind*, mit der *Fahne* kommt das *Kind*.
3. Mein *Hahn* fährt mit der *Zahnradbahn*, zu einem *Kahn* im *Affenzahn*.
4. Trotz *Blitz* und *Donner* auf der *Insel* hält meine *Hand* den großen *Pinsel*.
5. *Gänse*, *Enten*, *Hühner*, *Spinnen* legen *Eier* in *Dachrinnen*.
6. Dort drücken *Hunde* und auch *Schwäne* aus jedem *Auge* eine *Träne*.
7. Harte *Knochen*, harte *Köpfe*, viele *Mäntel*, viele *Knöpfe*.
8. Die *Kaffeekanne* und die *Pfanne* ertrinken in der *Badewanne*! „So 'ne Panne!", ruft die *Tanne*.

❶ Ordne die Nomen (Namenwörter) jeweils mit Artikel (Begleiter) so: *Wörter mit nn – Wörter mit hn – andere Wörter.*
❷ Unterstreiche die Verben (Tunwörter) und schreibe die Sätze als Laufdiktat in der Vergangenheit: stand, kam, fuhr, hielt, legten, drückten, ertranken, rief.

Seite 19

Zusammengesetzte Nomen mit n, nn, hn oder mm

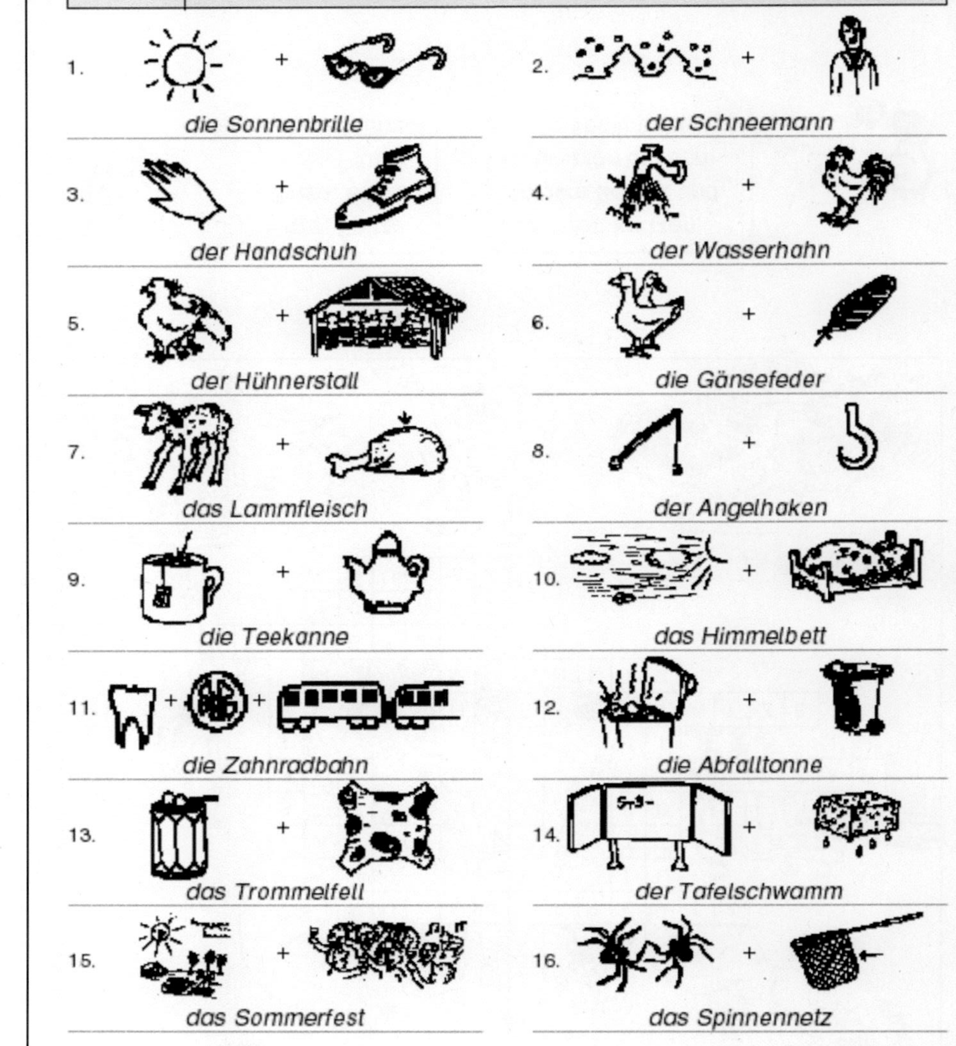

1. *die Sonnenbrille*
2. *der Schneemann*
3. *der Handschuh*
4. *der Wasserhahn*
5. *der Hühnerstall*
6. *die Gänsefeder*
7. *das Lammfleisch*
8. *der Angelhaken*
9. *die Teekanne*
10. *das Himmelbett*
11. *die Zahnradbahn*
12. *die Abfalltonne*
13. *das Trommelfell*
14. *der Tafelschwamm*
15. *das Sommerfest*
16. *das Spinnennetz*

❶ Schreibe so: die Sonnenbrille = die Sonne + die Brille
❷ Denke dir mit den einzelnen Bildern lustige Unsinnsätze aus: kennen, können, rennen, donnern, gewinnen, schwimmen, sammeln, kämmen, programmieren.
❸ Ratespiel: „Ich seh' etwas, das du nicht siehst. Es ist …, hat …!" Schreibe fünf auf.

© Persen Verlag

Lösungen

Seite 20

Im Sommer! Wörter mit n, nn, hn oder mm

Die *Sonne* schien heiß vom *Himmel*. Vater und *Sohn* fuhren mit ihrem neuen *Kahn* zu einer großen *Insel*. Dort *schwammen* sie zuerst eine Runde. Dann steckte sich Uwe einen *Kaugummi* in den *Mund* und nahm einen *Pinsel* in die *Hand*. Gekonnt malte er seinen *Hund*, wie er mit *Gänsen*, *Schwänen*, *Hühnern*, einem *Hahn* und einem *Lamm* spielen wollte. Vater hatte schon einen Fisch an der *Angel*, legte ihn in eine *Pfanne*, machte die *Pommes* heiß und suchte die *Teekanne*. Plötzlich kündigten dunkle *Wolken* einen *Sturm* an. Es blitzte und *donnerte*. Jetzt aber schnell in das Hotel! Der Regen *trommelte* gegen die Fensterscheiben. Der Sturm wehte eine hohe *Tanne* und die *Abfalltonne* um. Eine riesige *Überschwemmung* gab es auch noch. Zum Glück nur im *Badezimmer*! Warum? Weil Peter in die volle *Badewanne* *gesprungen* war.

❶ Schreibe so: | Wörter mit mm | Wörter mit nn | Wörter mit hn | Wörter mit n |

❷ Suche zu zehn Wörtern Reimwörter: die Sonne – die Tonne, die Wonne

❸ Unterstreiche alle Verben (Tunwörter) und schreibe so: sie schien – sie scheint!

Seite 21

S
COOL

Wörter mit tz

Hitze, Spitze, Blitze, Sitze, in die Pfütze mit der Mütze!

Katzen kratzen an dem Schatz und schwitzen auf dem Fußballplatz!

❶ Suche Reimwörter zu: die Stütze, der Blitz, die Fratze, der Schatz, die Autositze, der Schnitzer, die Versetzung, der Schutz.

❷ Zu welchen zehn Bildern fallen dir interessante Sätze ein? Verwende Adjektive (Wiewörter): lieb, bequem, blitzsauber, lästig, grell, groß, schmerzhaft.

© Persen Verlag

Lösungen

Seite 22

S
C O O L

Wörter mit ck

die Mü**ck**en	wir schmü**ck**en	die Glo**ck**en
die Brü**ck**en	wir drü**ck**en	die Lo**ck**en
der Rü**ck**en	wir verrü**ck**en	die Flo**ck**en
die Lü**ck**en	wir pflü**ck**en	der Bro**ck**en

Nomen (Artikel: der, die, das, den, ein …) schreiben wir **groß**.
Verben (Tunwörter) schreiben wir **klein** (z. B. wir **drücken**).

❶ Suche Reimwörter zu: die Schlacke, der Bock, die Mücke, das Stück, die Locke, das Heck.
❷ Erzähle, was die einzelnen Personen tun, und unterstreiche die Verben.

Seite 23

S
C O O L

Wörter mit z und k

Eine Regel, die immer stimmt

Nach l, der Pil**z**, das Sal**z**, stol**z** — die Wol**k**e, der Bal**k**en, wir mel**k**en

n, die Pflan**z**e, die Gren**z**e, gan**z** — die Ban**k**, der On**k**el, wir dan**k**en

r, der Ar**z**t, die Wur**z**el, schwar**z** — das Wer**k**en, der Zir**k**el, star**k**

das merke ja, nie „tz" und nie „ck"!

● Suche zu dieser Regel im Lesebuch oder im Lexikon noch andere Wörter.

© Persen Verlag

Lösungen

Seite 24

	S		
C	O	O	L

Wörter mit z oder tz

POLIZIST
SCHÜRZE
HEIZUNG
KRÄNZE
PELZ
METZGER
MÜTZE
WITZ
HITZE
BLITZ
HERZ

❶ Kannst du die **Regel „Nach l, n, r, das merke ja, nie ‚tz' und nie ‚ck'!"** bei diesen Wörtern richtig anwenden? Ordne so: *Wörter mit tz – Wörter mit z.*
❷ Lass dir zu den Bildern eine Fantasiegeschichte einfallen.

Seite 25

Ein ___?___

Wörter mit z oder tz

1. Viele *Katzen*, frohe *Herzen*,
schlechte *Zähne*, große *Schmerzen*.
2. Kleiner *Kopf* und große *Mütze*,
kleiner *Hund* und große *Pfütze*.
3. Keine *Nadel* ohne *Spitze*
und kein *Zahnarzt* ohne *Spritze*.
4. Der *Metzger* macht die gute *Wurst*,
Salz und *Pfeffer* machen *Durst*.
5. Ein *Polizist* steht an der *Kreuzung*
bei *Schnee* und *Regen* ohne *Heizung*.
6. Jeden *Morgen* voller *Stolz*
kräht der *Hahn* dort auf dem *Holz*.
7. Auf dem *Spitzer* sitzt ein *Spatz*
und auf der *Insel* liegt ein *Schatz*.
8. Aus den *Wolken* kommt der *Blitz*
und aus dem *Munde* kommt der *Witz*.

❶ Ordne die Nomen (Namenwörter) mit Artikel (Begleiter) so: *Wörter mit tz – Wörter mit z.*
❷ Zu welchen Nomen findest du passende Adjektive (z. B.: *die **lange** Nadel*)?

F. Plötz/R. Plötz/T. Schnagl: Kreuz und quer durch den Grundwortschatz – Band 1
© Persen Verlag

Lösungen

Seite 26

Ein ? Wörter mit z oder tz, k oder ck

1. Das *Mädchen* dreht sich flink im *Tanz*
und trägt im *Haar* den schönsten *Kranz*.
2. Große *Schmerzen* an *Gelenken*,
große *Freude* mit *Geschenken*.
3. Die *Glocken* hängen hoch am *Turm*
und an der *Wurzel* nagt ein *Wurm*.
4. *Glück* im Spiel, schnell schlägt das *Herz*,
tschau, lieber *Arzt*, weg ist der *Schmerz*!
5. Die *Eidechse* sitzt auf der *Bank*
und die *Decke* liegt im *Schrank*.
6. Der *Zwerg* wirft *Socken*, *Jacke*, *Mütze*
samt der *Schürze* in die *Pfütze*.
7. *Wolken*, *Regen*, *Schnee* und *Blitze*,
große *Kälte* statt der *Hitze*.
8. Am *Kinderwagen* hängen *Herzen*
und auf der *Torte* brennen *Kerzen*.

❶ Ordne die Nomen (Namenwörter) jeweils mit Artikel (Begleiter) so:
Wörter mit tz – Wörter mit ck – Wörter mit z – Wörter mit k – andere Wörter.
❷ Unterstreiche die Verben (Tunwörter) und schreibe die Sätze als Laufdiktat in der Vergangenheit: drehte, trug, hingen, nagte, schlug, war, saß, lag, warf, hingen, brannten.

Seite 27

Zusammengesetzte Nomen mit z, tz, k oder ck

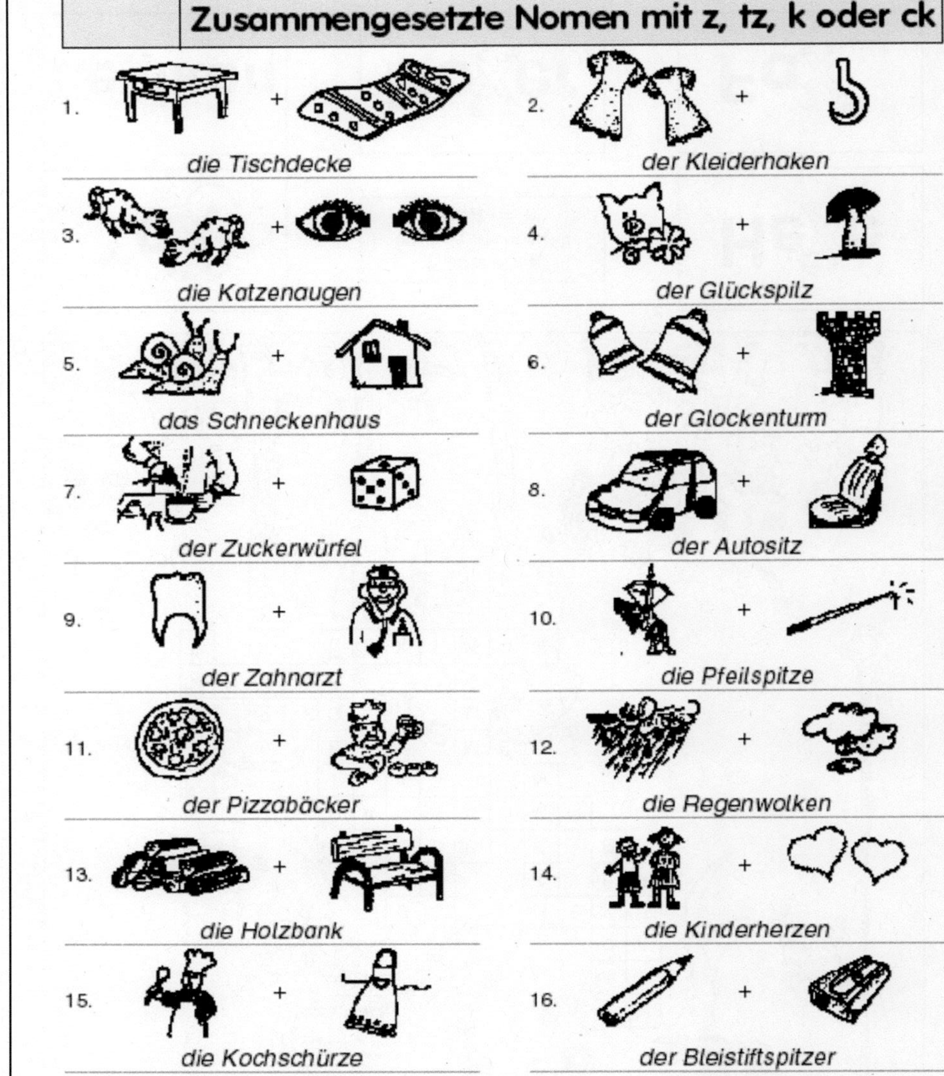

1. *die Tischdecke*
2. *der Kleiderhaken*
3. *die Katzenaugen*
4. *der Glückspilz*
5. *das Schneckenhaus*
6. *der Glockenturm*
7. *der Zuckerwürfel*
8. *der Autositz*
9. *der Zahnarzt*
10. *die Pfeilspitze*
11. *der Pizzabäcker*
12. *die Regenwolken*
13. *die Holzbank*
14. *die Kinderherzen*
15. *die Kochschürze*
16. *der Bleistiftspitzer*

❶ Schreibe so: die Tischdecke = der Tisch + die Decke
❷ Zu welchen Nomen (Namenwörtern) passen diese Adjektive (Wiewörter):
nützlich, schmutzig, spitz, dreckig, eckig, glücklich, schrecklich, trocken
und diese Verben (Tunwörter):
sitzen, kratzen, schwitzen, verletzen, backen, drücken, schmecken, erschrecken?

© Persen Verlag

Lösungen

Seite 28

Minki! Wörter mit z, tz, k oder ck

Der kleinen *Katze* meines *Onkels* war es nie langweilig. Sie sprang in jede *Pfütze*, dass der Dreck nur so *spritzte*. Oft riss sie Mutters *Schürze* oder Peters *Mütze* vom *Kleiderhaken* und lief über die *Tischdecke*, sodass es große *Flecken* gab. Sie schleckte den *Zucker* von den *Plätzchen*, warf brennende *Kerzen* um, sprang zur *Glocke* hoch und brachte *Pilze* und *Schnecken* ins Haus. Wenn sie müde war, schlief sie auf der neuen *Eckbank*, auf dem *Balkon* oder auf dem weichen *Autositz*. Einmal durfte sie mit auf den *Fußballplatz*. Wie der *Blitz* raste sie dort umher, wollte die lästigen *Mücken* fangen und landete plötzlich im *Netz* des Tores. Dabei muss sie sich aber böse *verletzt* haben. Jedenfalls hatte sie so große *Schmerzen*, dass wir sie zum *Tierarzt* bringen mussten. Dank einer *Spritze* war sie bald wieder putzmunter und … zwickte unseren armen Waldi kräftig in den *Schwanz*.

❶ Schreibe so: | Wörter mit z | | Wörter mit tz | | Wörter mit k | | Wörter mit ck |

❷ Unterstreiche die Adjektive (Wiewörter) und schreibe so: Die Katze war klein.

❸ Suche zu zehn Nomen (Namenwörtern) Reimwörter: die Katze – die Fratze

Seite 29

S
COOL

Wörter mit g, k, ck oder x

													M
												B	I
												O	X
						G	S			H	E	X	E
						L	A			A		E	R
				S		Ü	C	S		K		R	
				P	Ä	C	K	C	H	E	N		
J				I		K		H		N			
A				E				M					
C		P		G				U					
K	R	A	K	E				C	R				
E		K		L	E	X	I	K	O	N			
		E			C				C				
		T			K				K				
					E								

Taxi

Wörter mit **x** merken wir uns mit **„Bildwörtern“**.

Hexe

Lexikon

Boxer

Fax

● Kannst du jedes Bild zum Kreuzworträtsel in einem Satz beschreiben? Verwende auch Adjektive (Wiewörter).

F. Plötz/R. Plötz/T. Schnagl: Kreuz und quer durch den Grundwortschatz – Band 1
© Persen Verlag

Lösungen

Seite 30

Ein ___?___ | **Wörter mit g, k, ck oder x**

1. Ein alter _Mann_ kauft einen _Stock_, die junge _Frau_ kauft einen _Rock_.
2. Der _Junge_ trägt ein kleines _Päckchen_, das kleine _Mädchen_ trägt ein _Jäckchen_.
3. Das _Lexikon_, das fehlt im _Schrank_, beim _Taxi_ fehlt _Benzin_ im _Tank_.
4. Ein _Jäger_ soll die _Tiere_ pflegen, bei _Eis_ und _Schnee_ und auch bei _Regen_.
5. Kaum kriechen _Schnecken_ über _Decken_, gibt es _Flecken_, welch ein _Schrecken_.
6. Im _Sack_ bringt dir der _Nikolaus_ für den _Computer_ eine _Maus_.
7. Auf dem _Kirchturm_ hängen _Glocken_, am _Kopf_ der _Puppe_ hängen _Locken_.
8. Wo _Zähne_ fehlen, gibt es _Lücken_, dann geh zum _Zahnarzt_, der baut _Brücken_.

❶ Ordne die Nomen (Namenwörter) mit Artikel (Begleiter) so:
Wörter mit k – Wörter mit ck – Wörter mit x – andere Wörter.
❷ Zu welchen Nomen findest du passende Adjektive (z. B.: *der* ***neue*** *Stock*)?

Seite 35

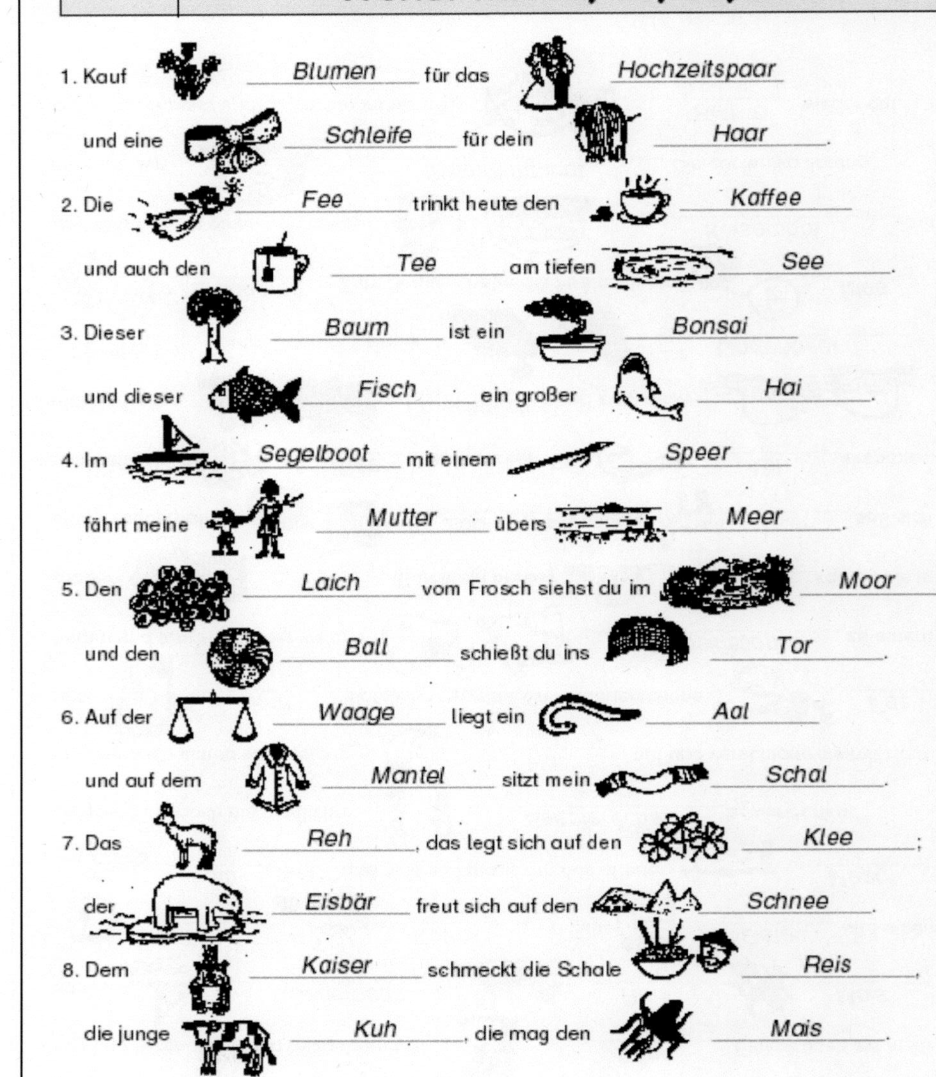

Ein ___?___ | **Wörter mit aa, ee, oo, ai**

1. Kauf _Blumen_ für das _Hochzeitspaar_ und eine _Schleife_ für dein _Haar_.
2. Die _Fee_ trinkt heute den _Kaffee_ und auch den _Tee_ am tiefen _See_.
3. Dieser _Baum_ ist ein _Bonsai_ und dieser _Fisch_ ein großer _Hai_.
4. Im _Segelboot_ mit einem _Speer_ fährt meine _Mutter_ übers _Meer_.
5. Den _Laich_ vom Frosch siehst du im _Moor_ und den _Ball_ schießt du ins _Tor_.
6. Auf der _Waage_ liegt ein _Aal_ und auf dem _Mantel_ sitzt mein _Schal_.
7. Das _Reh_, das legt sich auf den _Klee_; der _Eisbär_ freut sich auf den _Schnee_.
8. Dem _Kaiser_ schmeckt die Schale _Reis_, die junge _Kuh_, die mag den _Mais_.

❶ Ordne die Nomen (Namenwörter) mit Artikel (Begleiter) so:
Wörter mit aa – Wörter mit ee – Wörter mit oo – Wörter mit ai – andere Wörter.
❷ Suche zu den Nomen passende Adjektive (Wiewörter). Schreibe z. B. so:
Der Junge ist ***brav****. Ich kenne einen* ***braven*** *Jungen.*

© Persen Verlag

Lösungen

Seite 36

Zusammengesetzte Nomen mit aa, ee, oo oder ai

1. 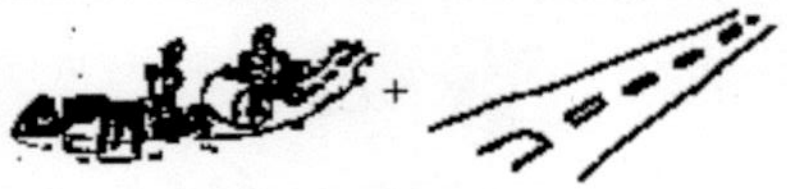 + die Teerstraße
2. 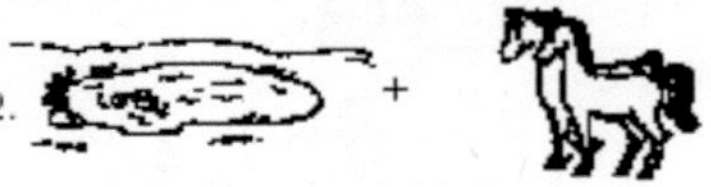 + die Seepferdchen
3. 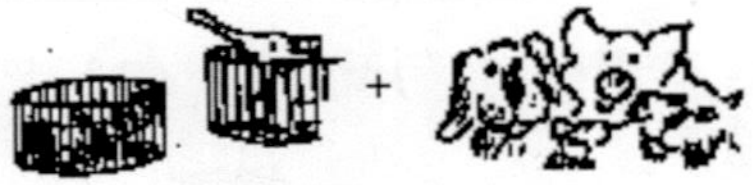 + die Zootiere
4. 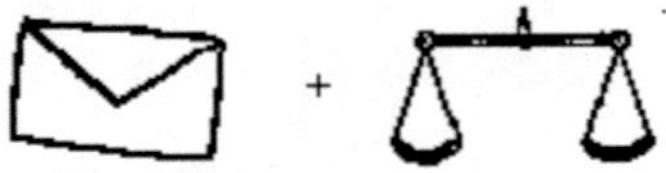 + die Briefwaage
5. 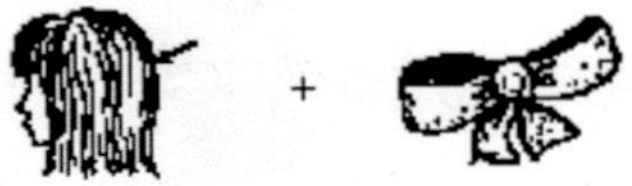 + die Haarschleife
6. 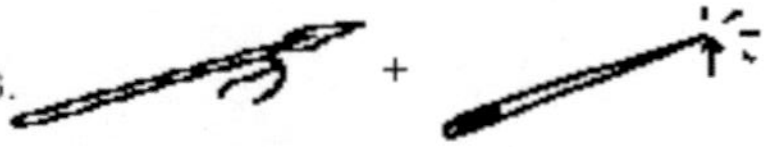 + die Speerspitze
7. 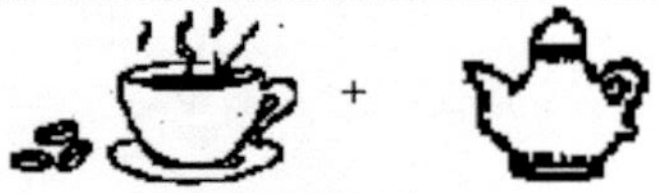 + die Kaffeekanne
8. 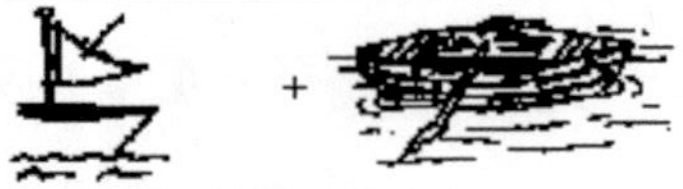 + das Segelboot
9. 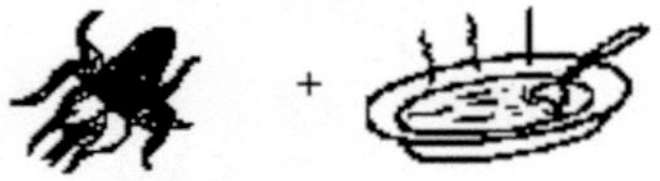 + die Maissuppe
10. 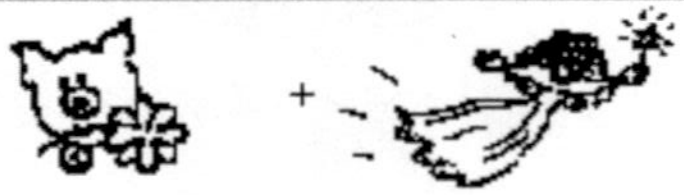 + die Glücksfee
11. 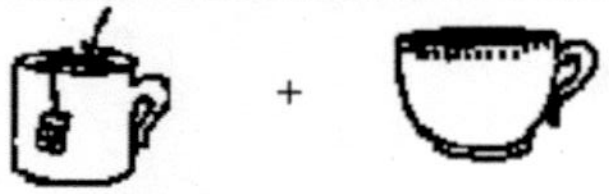 + die Teetasse
12. 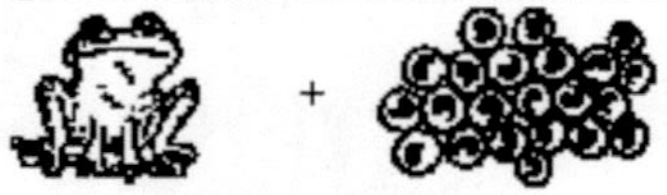 + der Froschlaich
13. 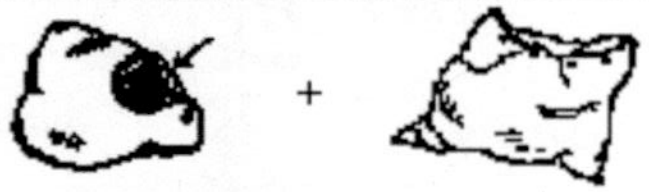 + die Moospolster
14. 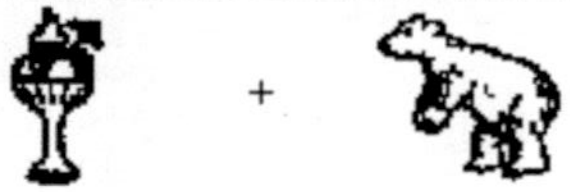 + der Eisbär
15. 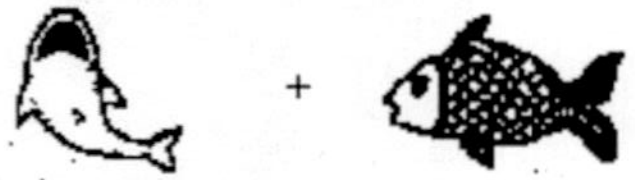 + der Haifisch
16. 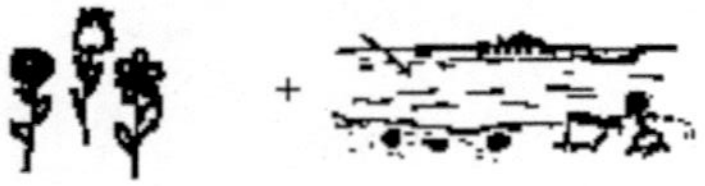 + das Blumenmeer

❶ Schreibe so: die Teerstraße = der Teer + die Straße
❷ Mit welchen Bildern kannst du andere zusammengesetzte Nomen (Namenwörter) bilden?
das Auto (1), der Hund (2), das Haus (3), die Personen (4), der Kopf (5),
die Nadel (6), die Milch (7), der Motor (8), das Feld (9), das Kind (10).

Seite 37

Im Reich der Feen! Viele Wörter mit aa, ee, oo, ai

Ilka und Kevin waren ein bezauberndes *Paar*. Eifrig trugen sie in ihr neues *Segelboot* *Reis*, *Mais*, *Tee*, *Kaffee*, ein Glas *Gelee* und einen *Laib* Brot. Dann ging es hinaus auf das offene *Meer*. Während sie noch die niedlichen *Seepferdchen* bewunderten, tauchte auch schon ein riesiger *Hai* auf und verschlang sie mit Haut und *Haar*. Plötzlich schwebte eine wunderschöne *Fee* herbei und führte sie über weiche + *Mooskissen* zu einem großen *Moor*. Durch ein breites *Tor* kamen sie in einen zauberhaften *Zoo*. Ein junges *Reh* ließ sich den saftigen *Klee* schmecken. Ein *Aal* verspeiste einen frischen + *Froschlaich* und zwei dicke *Eisbären* entdeckten auf einem + *Gartenbeet* *Erdbeeren*. Zum Schluss hatte die Fee noch eine *Idee* und führte sie in einen prächtigen + *Kaisersaal* mit einem tollen *Swimmingpool*. Die coole Ilka sprang sofort ins Wasser und … wachte im warmen *Bett* wieder auf.

❶ Schreibe alle Wörter mit aa, ee, oo und ai untereinander.
❷ Unterstreiche die Adjektive (Wiewörter) und schreibe so: Der Hai war riesig.
❸ Schreibe die Geschichte in der Wir-Form. Ilka (Kevin) und ich – Wir …

© Persen Verlag

Lösungen

Seite 38

Wörter mit l oder ll

1. BILD
2. PILZ
3. FELL
4. SCHILD
5. TELLER
6. APFEL
7. FÜLLER
8. BLUME
9. MALER
10. ZELT
11. BRILLE
12. KELLER
13. BALL
14. PULLOVER
15. LUFTBALLON
16. TELEFON
17. TROMMEL
18. MÜLLER
19. SALAT
20. GABEL
21. WOLLE
22. GRILLE

❶ Suche alle Nomen (Namenwörter) mit ll heraus und liste sie mit Artikel (Begleiter) untereinander auf.
❷ Suche zu vier der Nomen verwandte Verben (Tunwörter). Schreibe: *der **Füller** – wir **füllen**.*
❸ Überlege dir eine Geschichte, in der die folgenden Begriffe vorkommen: der Maler, die Brille, das Bild, die Blume, die Grille, der Pilz, das Telefon, der Müller.

Seite 39

Wörter mit m oder mm

1. KAMM
2. HEMD
3. OMNIBUS
4. AMEISEN
5. MAUER
6. STURM
7. SCHAUM
8. HAUSNUMMER
9. WURM
10. SCHWIMMER
11. LAMM
12. BAUM
13. LAMPE
14. TURM
15. LIMONADE
16. HAMMER
17. KINDERZIMMER
18. SCHIRM
19. DAUMEN
20. PALME
21. BLUMEN
22. TROMMEL

❶ Suche alle Nomen (Namenwörter) mit mm heraus und liste sie mit Artikel (Begleiter) untereinander auf.
❷ Finde sechs Nomen mit verwandten Verben (Tunwörtern). Schreibe z. B. so: *der **Hammer** – wir **hämmern**.*
❸ Zu welchen der Nomen fallen dir Adjektive (Wiewörter) ein? Schreibe z. B. so: *das **bunte** Hemd.*

Lösungen

Seite 40

Wörter mit n, hn oder nn

S COOL

1. SPINNE
2. SCHNEEMANN
3. KRONE
4. MANTEL
5. HAHN
6. WIND
7. INSEL
8. BIRNE
9. ZAHN
10. HAND
11. BAHN
12. FENSTER
13. KAHN
14. PINSEL
15. WEINTRAUBE
16. HUNDE
17. PFANNE
18. BADEWANNE
19. FAHNE
20. GANS
21. SOHN
22. BRUNNEN

1. Ordne die Nomen (Namenwörter) mit Artikel (Begleiter) so:
   Wörter mit n – Wörter mit hn – Wörter mit nn.
2. Wie viele der Nomen kannst du – aus der Erinnerung heraus – zeichnen und richtig beschriften?
3. Schreibe drei Bandwurmsätze mit möglichst vielen der Nomen auf.

Seite 41

Wörter mit z oder tz, k oder ck

S COOL

1. WOLKEN
2. DECKEL
3. SPITZER
4. GURKEN
5. SCHNECKE
6. SCHMERZ
7. MÜTZE
8. BLITZE
9. KATZEN
10. PAKETE
11. TANZ
12. HITZE
13. BANK
14. DECKE
15. SPRITZE
16. HERZ
17. PARKPLATZ
18. FUNKEN
19. SCHÜRZE
20. ARZT
21. KERZEN
22. JACKE

1. Suche alle Nomen (Namenwörter) mit tz und ck heraus.
   Ordne sie mit Artikel (Begleiter) so: *Wörter mit tz – Wörter mit ck.*
2. Findest du zu sechs Nomen verwandte Verben (Tunwörter)?
   Schreibe so: *der **Spitzer** – wir **spitzen**.*
3. Wie viele Reimwörter findest du zu:
   (die) Schlacke, (die) Spitze, (der) Schatz, (die) Hecke, (die) Pfütze, (die) Tatzen?

© Persen Verlag

Lösungen

Seite 42

S
COOL

Wörter mit g, k, ck oder x (1)

1	SCHMUCK
2	LEXIKON
3	MIXER
4	IGEL
5	MAGNET
6	LASTWAGEN
7	NAGEL
8	HEXE
9	SPIEGEL
10	KROKODIL
11	TAXI
12	SCHNECKE
13	SCHRANK
14	BOXER
15	FAX
16	BÄNKE
17	AUGEN
18	SACK
19	ZUNGE
20	PAKET
21	PÄCKCHEN
22	HAKEN

Lösungswort: MIXT IM TAXI DIE HEXENSUPPE

❶ Suche alle Nomen (Namenwörter) mit ck und x heraus.
Ordne sie mit Artikel (Begleiter) so: *Wörter mit ck – Wörter mit x.*

❷ Suche dir zehn Bilder aus und lasse dir eine lustige Geschichte einfallen.

❸ Findest du zu sechs Nomen die verwandten Verben (Tunwörter)?
Schreibe z. B.: *Das* ***Päckchen*** *– wir* ***packen****.*

Seite 43

S
COOL

Wörter mit g, k, ck oder x (2)

1	RAKETE
2	WAGEN
3	TAXI
4	LEXIKON
5	SEGEL
6	KOPF
7	FAX
8	SCHMUCK
9	ROCK
10	DECKEN
11	SCHNECKE
12	GLÜCK
13	BOXER
14	REGEN
15	SCHRANK
16	BANK
17	ORGEL
18	BRÜCKE
19	SACK
20	LOCKEN
21	JÄGER
22	DEGEN

Lösungswort: TAXIS FAHREN ÜBER BRÜCKEN

❶ Ordne die Nomen (Namenwörter) mit Artikel (Begleiter) so:
Wörter mit g – Wörter mit k – Wörter mit ck – Wörter mit x.

❷ Findest du zu sechs der Nomen verwandte Verben (Tunwörter).
Schreibe so: *das* ***Segel*** *– wir* ***segeln****.*

❸ Fällt dir zu den folgenden Nomen eine Geschichte ein: der Jäger, die Jacke, die Brücke, die Schnecke, die Bank, der Regen, die Decke, das Glück, das Taxi?

© Persen Verlag

Lösungen

Seite 44

S COOL

Wörter mit aa, ee, oo, ai, ei, a, e oder o

1. MEER
2. REIS
3. MAIS
4. BONSAI
5. KAISER
6. SCHAL
7. LAICH
8. MOOS
9. SEGEL
10. TEER
11. TOR
12. MOOR
13. HAI
14. SCHWAN
15. KAFFEE
16. TEE
17. KLEID
18. HAAR
19. FEE
20. FEDER
21. HOSE
22. KLEE

Lösungswort: MEIN KAISER TRINKT KAFFEE

❶ Ordne die Nomen (Namenwörter) mit Artikel (Begleiter) so:
Wörter mit aa – Wörter mit ee – Wörter mit oo – Wörter mit ai – Wörter mit ei.

❷ Suche im Kreuzworträtsel Reimwörter zu:
(der) Teer, (die) Idee, (die) Rose, (das) Paar, (der) Kai.

❸ Zu welchen der Nomen passen diese Adjektive (Wiewörter): grün, schwarz, weiß, lang, gelb, leicht, klein, wunderschön, gerecht, gefährlich, neu, heiß, feucht, groß, nahrhaft?

© Persen Verlag